中小企業が時代を生き抜く 7+1の知恵

はじめに
――人口50万人時代の高知の中小企業経営

日本が成長したのは、多くの識者が述べているように、人口の要因が大きく、労働生産人口が増えた時期に成長し、減少し始め成長が鈍っていくのです。そして、これからは、厚生省の予測値のとおり、間違いなく人口は減少し続けていくでしょう。その傾きがプラスだった90年代までは高度経済成長をもたらし、それ以降、その伸びがマイナスになり「失われた30年」を迎えたということです。

高知県では、人口50万人台の姿を想定しなくてはならなくなっています。その姿は過去の延長ではないでしょう。恐らく中小企業の経営もそうです。しかし、これまで生き抜いてきた元気な中小企業者にある経営哲学やこだわりといったものの中に、通用する考え方があるはずです。それらを明らかにし、中小企業の皆さんがこれからの時代を生き抜く経営のヒントにつながれば幸いです。

中小企業が時代を生き抜く7+1の知恵／目次

そこにカツオがいるから—

アジア市場を拓く原動力も〝高知愛す〟に込めたシンプルな情熱だった

希釈ゆずドリンク 200ml
600円（税別）

文旦シャーベット　180円（税別）
くりアイスミルク　210円（税別）
土佐ジローの…　230円（税別）

浜町　文也

有限会社高知アイス代表取締役社長

1959年、佐賀町（現黒潮町）生まれ。1975年、地元の漁船に乗り一本釣り漁師に。結婚した1980年に岡に上がり、高知市でサラリーマンをした後、1988年に独立。現在も社長業の傍ら、海外へ市場調査や販路拡大など営業活動の前線に立っている。

高知県の食品業界は小規模ながらユニークな企業が多い

小松：高知県の製造業は県の約1割のGDPを稼いでいる。工業統計上、製造業で事業所数が一番多いのは食品で、大体4分の1、出荷額にして700億くらいある。ただ大部分が小規模なので、従業員の給与は製造業全体の中で業種別にみると平均的に低い。なぜそうなっているのかというと、加工度が低いということがあるし、現場に行くとすぐわかるけど、衛生面やいろいろな面で遅れている事業者が多い。そのことから全国展開が難しいというか、全国に出していける商品が少ない。そういう物が、ではどこで売られているかというと道の駅とかで、いわゆる生協連とかイトーヨーカドーなどで扱われる商品となるような品質、衛生基準ができていないという実態がある。

特にアイスクリームの業界で言うと、かつてはなかなか大変な状況だった。しかしどういうわけか、いつの間にかアイスクリームの事業所がいくつか生まれてきて、業界を見てみるとけっこうな集積ができてきて面白くなってきている。そういうふうにさせたのは久保田のアイスからなんだけど、その後に続いた高知アイスの存在が非常に大きかったと思う。聞けば、あれは松崎冷菓の松崎さんを見習い、無から有を生むやり方だった。何も資産がないまま、「おんちゃん、土地貸してや」というところから始まっていった。そういうことをやってきた事業所は食品業界にはけっこうあって、今は中堅になっていて、この前亡くなった南国製菓の中城さんは、浜町さんと同じように中学を卒業しただけだけど30億まで会社を大きくしています。

食品はそういうことができる業界、努力がちゃんと報われる業界なのかな、と思います。参入しやすくて、努力次第では大きくできるっていうのが特徴。つまり数が多く、いろんなタイプの事業所があるからこそ、それができたのだと思う。高知には紙とか石灰とかいろいろ業界はあるけど、みんな上品なんです。それに比べると、混沌としたカオスの中から生まれていくのが食品業界。それらを生むベースは何かと見渡してみると、いろいろな地域資源があった。その豊かな地域資源を活かして、加工度の低いものから高いものまでいろいろな物が商品になるというのが食品業界の面白いところ。

事業所は小規模ながらもユニークな企業が多いものの、会社としてはまだまだいろんなものが足りない。必要なのは、そのことを整理していけるマネジメント力。マネジメントの、第一ギアで上手く立ち上がり、第二ギアで売り上げをある程度伸ばす。第三ギア、サードに入れて伸ばしていくには、内部管理がちゃんとできていかないといけない。そのマネジメントのギアチェンジがなかなか難しい。

そういう意味で、高知アイスが大きな会社になっていったのはすごかった。無から立ち上げて、セコ、サードと入れて5億になって、海外が目に入って、もうすぐ10億。必ずそうなっていくし、なればいいと思っている。浜町さんに、改めてこれまでの挑戦を聞きたい。

「お兄ちゃんが来んとアイスクリン食べれんなるやんか」の声で独立

浜町：僕がアイスクリン業界に入る前はビデオの制作会社に勤めていました。その会社が、食品部を作ろう、高知のアイスクリンを県外の物産展に販売しに行くぞ、ということになったんです。その社長は朝言ったことが夕方には変わってるくらい変わり身の早い社長だったので、「社長、黒字になろうが赤字になろうがやるからには3年はやりましょう」と約束をし、担当になったのが僕でした。会社は当時、県の観光連盟主催の物産展が年間12、13本しかなく、これで黒字にするのは大変で、自ずと赤字になりました。すると、社長は約束通り3年後に「浜町くん、食品部、もうやる意味がないき廃止しよう」と、食品部の廃止を決定してしまったんです。

販売を担当して僕が全国各地の百貨店でする高知県や四国の物産展にアイスクリンを持って行くと、高知県出身のおんちゃんやおばちゃんたちが「いや〜、高知のアイスクリンやんか、懐かしいね〜」と言ってよく買いに来てくれていました。そんなおばちゃんたちに会えなくなるなあという思いが湧いてきて、「おばちゃんごめんよ、来年から売りに来れれんなるきね」って言ったら、「ひゃ〜、お兄ちゃんが来んとアイスクリン食べれんなるやんか」と言うわけです。それで、会えなくなるのは難儀やなあ、このおばちゃんらにアイスクリンを届けるのが僕の使命やないろうか、と勝手に思い込みの世界に入ってしまって、「いかん。僕が来年も届けちゃお」と会社を辞めて独立し、アイスクリンを仕入れて売りに行くようになったのが始まりです。

それが、28歳の時。土佐佐賀の鹿島神社にちなんで名づけた「土佐かしま屋」（1988〜1995年）は、アイスクリンを仕入れて売りに行く、物産展のための会社であったと言っていいと思います。かしま屋時代は、仕入れて販売して仕入れて販売してという形で、年間ずっと百貨店の物産展やイベントをぐるぐる回っていました。

小松：生活に追われてそうせざるを得なかった面もあるでしょう。売りに行くということをやらないと、このビジネス、アイスクリーム業界では生きていけない。考えてじゃなくて環境に迫られて「とにかくなんかせんといかん」となった。夫婦2人で回ってよくやっていました。

浜町：イベントには、女房も子ども、みんな連れて行きました。東京ドームやいろんな野外のイベントはとにかく人手が必要なので、「みんな来い」って。

一番苦しかった時代の時間を僕らは共有しているので、うちの娘たちは強いんです。訪問販売に行って折れない心を持っているのは、あの苦しい時代を父親と母親がいかに立ち向かっていったのかを目の当たりに見ているし、自分もそれに参加しているからだと思います。その経験は今もものすごく役に立っている。

まるでドサ回り、苦しかった15年の暗黒時代があったからこそ

浜町：ずっと10年以上ドサ回りをしていたんですが、バブルがはじけてから、だんだん百貨店の客離れが著しいというか、来る人が本当に減っていったんです。百貨店での売り上げがどんどん落ち込んで、今までやったら年間30週働いたら上等に飯が食べれていたのが、年間35週、40週、45週と行かないと食べられんなったんです。前年対比の数字を取るのに1.5倍くらい働かんと取れんようになってきて、「これじゃ、ほとんど家におれんやんか」という状態。果たしてそこまでしてやる意味があるのだろうかということも考えたし、どうやったらこれが事業として成り立つろうかということを考えるきっかけにもなって……。

小松：バブルがはじける前、全国各地でする百貨店の各県物産展は観光連盟が仕切ってけっこう上手くいっていたんです。それがどんどん急に落ちていくようになって、なんらかの形でやり方を変えざるを得ないというのはひしひし感じていたんでしょう。

浜町：新しいアイテムを投入して販路をもっと拡大し、一人ひとりの単価を上げないかん――日に日に切実な思いに駆られていきました。それである日、仕入れていたアイスクリン屋さんに、「高知には美味しい素材がある。四万十川の水を汲んできて、その水と高知の果物を

使ってシャーベットを作ろう！」と話を持って行ったんです。でも、「わしはアイスクリンしか作らんき」って断られた。「ひょっとしたらこれ、億の仕事になるかもしれんで。それでもやらんかえ？」。それでも「やらん」と言われた。「ほんならおまんとこから仕入れんと自分のところで作るけどかまんが？」って言ったら「かまん」って言うき、「おっしゃ分かった。ほんならしゃあないね」っていうことになった。

僕には、こういう商品だったら売れる、それを作りたい、っていう単純な思いがあったんです。その当時四万十川ブームだったので、四万十川の水を使ったシャーベットを作ったら売れるぞ！と、そんなスケベ心もあったことも事実です。

自分で作るしかないと決意したものの、作ったことは一度もない。それで関東で有名なジェラードショップに電話をかけました。「私にアイスクリームの作り方を教えてください」。1993年（平5）のことです。修行の申し出は受け入れられ、2週間ほどで「合格」となり、「これで作れるぞ」と意気揚々高知に戻りました。

小松：浜町さんは物を売る現場で、何を、どうすべきなのかということをいっぱい感じていて、「こういう商品にしないといけない」「こういう商品を売らんといかん」という思いがそうさせたんだと思います。

浜町：アイスクリームの作り方は学んだものの、お金も工場もありません。1995年のこと、南国市稲生《いなぶ》を通りかかった時、よく手入れされた桃畑に目が留まりました。熟れるのを待って一ついただいてみると、「うまい！」。畑の持ち主を探して、「この桃でシャーベットを作りたい、ここに工場を建ててください、家賃は払います！」と懇願しました。今思えば無謀とも思えますが、家主さんは願いをかなえてくれたのです。

この時代も物産展回りをドサ回り的な考え方でしていたのですが、自分で商品が作れるようになって、売るだけから方向転換して卸という立場となり、価値観が変わってきました。初めて自分の想いが形にできるステージを得、日本の不特定多数の人にメッセージとして送れる商品ができる、という意味を噛みしめたことでした。

小松：浜町さんはまずシャーベット商品を開発するんですが、原点はビデオ会社時代に売っていた「アイスクリン」。それは高知の地域食品として伝統的に作られていた商品であり、お土産品でもあったもの。これを全国に売る、それが祖業と言っていい。

浜町：アイスクリームには乳脂肪分が何％という表示をする決まりがあり、乳脂肪分の量によってジャンルが違ってきます。3％以下のものは「シャーベット」で、氷菓の分類になります。3％〜5％の間が「ラクトアイス」。5％〜8％の間が「アイスミルク」。8％以上が「アイスクリーム」。だいたい4段階に分かれていて、いま僕らはこの全てのジャンルで15種類を作っていて、一番最初に作ったのは、柚子、文旦、ポンカンなどの果物を使ったシャーベットでした。

小松：「アイスクリン」というのは氷菓。シャーベット風に処理したものがアイスクリンなんです。高知は暑いところで氷菓が好まれるので、高知アイスもシャーベットから入ったんです。

そこにカツオがいるから……漁師のDNA

浜町：自分で物が作れるようになって嬉しい、そんな想いでした。漁師時代は毎日朝昼晩、20人分以上のご飯を作っていました。とにかく美味いものを作ったらみんなが認めてくれるっていう確信みたいなものがあったので、作ることに関しては全然いとわないんです。

自分で作って、これを早くお客さんに食べてもらいたい、そして評価をしてもらいたい。「こんなの作ったけどどう？」みたいな感じで、自分で作って自分でマーケティングしながら生活費を稼いでいたというか。

小松：もともと土佐佐賀で生まれて、中学を出てすぐカツオ一本釣りの遠洋漁業の船に乗り、何回も死にそうになったので、強い、逞しい。漁師のＤＮＡを持っているんです。

浜町：僕は自分を狩猟民族みたいだと思っています。「そこに行けばカツオが釣れるのになんで行かんのか」と思うんです。僕は海外に行く時でもノーボーダーです。だって、シンガポールに行っても香港に行ってもカツオがいっぱいいるのに、なんで魚を釣って来んのか、と。簡単なんです。そこにカツオがいるから、僕はそこへ行って漁をしているだけなんです。経済がどうとかじゃなしに、「金を持った魚がたくさん泳ぎゆうのになんで釣って来んがか」と思う。

小松：そういうことなんです。多分それがＤＮＡの中にある。そこにマーケットがあれば次々行く。だけど当時、目の前にマーケットがあるのに伸びなかった。

浜町：せっかく美味しいアイスが作れるようになって、それを県外に持って行って売るんだけど、そんなに食いつきがよくなかったんです。今とまったく同じ味なんだけど……。やっぱり百貨店の売り上げが伸びず、年間の売り上げマックス３０００〜４０００万くらいで、仕入れてやっていた当時とほとんど変わらない。これが7年くらい続きました。

卸一本へ方向転換はしたいけど、商品を作っている間、飯が食えなくなるという問題に直面していました。つまり、卸をやって原材料を仕入れて商品を作っている間は売るものがない、卸す時に要したお金を早く回収したいのに作った商品が売れるまで収入がないわけです。物産展を回りながら卸もやるという器用なことをどうやってやるんよ——まるで盾と鉾の関係のような、なんともならない課題でした。

小松：売れなくて悶々としていた時期に、百貨店の分がどんどん落ちてくるので、必然的に卸になっていくんです。そういう環境の中で変化が求められた、というところはあると思います。

浜町：僕が一番最初に卸を始めたのは、生協さんで、コープ四国さん。そこでそこそこ数字がよかったので、生協グループさん、当時は今みたいに「コープ近畿」とか大きな括りでなく、例えば大阪の和泉市民生協さんとか滋賀や奈良のコープさんとか、そういう地域の単協に営業に行きました。結果、自分たちを認めてもらえ、自分たちが作れる限界くらいのキャパで共同購入が実現しました。

小松：卸の最終出口になる売る現場は、ふつう百貨店とかコンビニとかスーパーです。

浜町：生協の良さは、注文が全部分かることです。先にチラシに載せてもらって、それで注文が入り個数が決まり発注が来て、来週の何曜日に届けてください、となる。あらかじめ注文をもらってから作るので在庫ロスがない。それから、チラシの紙面に想いが載せられる。「この商品はこんな想いで作ったんです。素材を作っているのはこんな人です。文旦シャーベットは、朝から晩まで山に入って一生懸命育てた文旦を摘んできて手で絞り、その果汁で作りました」というようなことが文章で訴えられるので、僕らみたいな物づくりをしている人たちには一番適したステージだったんです。

量販店だと、商品をダーッと並べてハイ！。しかも定価で売っている隣で、こっちは2割引き、あっちは3割引き、これでは普通でさえ高いのに全然売れない。だから量販店は、僕らのようなアイスクリーム屋には魅力のない市場なんです。一番魅力がある市場が、生協さん。あと、コンビニエンスストアです。コンビニも全部定価販売で、安売りしない。それと店舗数がすごく多いので、一回話が決まれば一千万単位の仕事になる可能性があるんです。

小松：当時コンビニと契約するには、小さいところほど初回導入の取引条件がなかなかきつい。そこをクリアできる体力がないと本当はしんどい。

浜町：最初は、生協さんが視察に入られ商品の抜き取りチェックをされると、「大腸菌が出てます」とか不備な点ばかり指摘されていました。それで企画が突然止まったり取引が何か月か中止になったり、そんな繰り返しでした。しかしこのことで、商品づくりの衛生基準というのを身を持って掴んだので、僕らは今、かなりシビアな商品管理、生産管理をしています。その基礎ができてたから、今ほとんど日本中の全生協さんと取引できてるんだと思っています。

アイデアはある、しかしお金がなく二の矢が放てない、どうする⁉

小松：かしま屋時代までは、ずっとビジネスモデルが物産展や百貨店を回って売るというものだった。それで稲生時代（１９９５―２００３年）になって、ある一定のところまで自分で作るようになり、ビジネスモデルを変えなければいけなくなった。やはり卸からメーカーになったというのは、浜町さんにとっては一番大きかったと思います。メーカーをやりながら、なかなか上手く浮揚できず、「なんで俺は伸びないんだ」という悶々とした混沌とした時代が何年間かあった。

浜町：そんな時でした。２００２年（平14）、たまたまコンベンション協会の勉強会で、四万十ドラマの畦地履正さんと一緒にパネラーになったんです。僕は、その当時だんだん売り上げを伸ばしてきていた徳島県の岡部さんという半田素麺屋さんがどうやって伸ばしていっているかの実例を話した。その後で畦地さんは、自分の勤めていた広井茶業生産組合のお茶をどうやったら売れるろうと頭を悩ましていた時に、「漁師が釣って漁師が焼いた」という明神水産のコピー、それと砂浜美術館の「ぼくの街には美術館がありません。だから砂浜が美術館です」というコピーに遇うわけです。これを考えたのは誰やろう、この人に会いたい！と思ったら、なんと自分のお膝元の集落に住んでいた梅原真という人だったと言うんです。それでその梅原さんにこのお茶を売るためにはどうすればいいかというレクチャーを受けて、３年くらいの間に売り上げを1億にしたという話をしたんです。

それで畦地さんに、「どうやって予算を取ってきゆうが？　商品をつくるのにどうやってやりゆうが？」と聞いたら、高知県にはそういう頑張る企業を応援してくれる補助金制度がいろいろある、そういう部署もある、「まあ、産業振興センターへ行ってみいや」と言われたんです。

そういうタイミングで初めて小松さんに会ったわけです。後日訪ねて行き、「こんな商品を作って世に出したい、どうすればいい」と相談したんです。僕にとって高知アイスが高知アイスになる一番のきっかけは、畦地さんの話を聞いて小松さんに出会ったこと。ここから悶々とした時代を払拭し、高知アイスの歴史が始まるんです。

小松：その時、浜町さんからは、漁師の時の話から資産がないのに「おんちゃん、工場を建ててやらしてや」と頼み込んだ話までいろいろ聞きました。さらに、会社としたらいい商品を作っているのに年商が1億円をなかなか超えられない。その壁をどうしたら越えられるんだ……そんな話をずっと聞きながら、当時私が高知県で重点プロジェクトが始まったばかりの事業を持っていて、「この事業が使える、この人ならやれる！」と思いました。

浜町：その事業は、3年間で1500万円。半分は自腹です。でも半分も援助してもらったら、もう「米の飯」ですよ。

小松：壁を抜けるには、自分の考え方を整理していく必要がどうしてもあった。市場にないものをつくって、新しい市場をつくっていくわけですから。「高知アイスの商品群はこういうイメージで……」という全体の考え方を整理しないと、どうしてもうまく次へいけない。

浜町：アイスクリームの当時の市場の価格帯は、100円か200円。100円のアイスは大手が作っている。ハーゲンダッツは200円。そこに150円のシャーベットを投入したのです。アイスクリームは180円。実は、この価格帯は僕が日本で一番最初に作ったんですが、当初は「なんだ、この中途半端な価格帯は？」みたいに思われていました。

小松：普通のメジャーなアイスクリームが100円ゾーン、高級なアイスクリームは200円ゾーン、この中間ゾーンの商品群で高知アイスは売っていかないといけない。というか、そこにターゲットを絞った。この中間領域で売っていくにはどうしたらいいのか!?　スーパーでは、100円の商品は平積みで置いてあります。ハーゲンダッツはその上のリーチングケースにある。その現状で150円ゾーンで勝負しないといけない。そうすると表示する側のデザインも全く違ってくる。いろんな難しさが想定されました。打開するには、この価格帯の背景にあるストーリーや差別化するコピーがどうしても必要になってきたのです。

誰もがそんな価格帯で挑戦したことがないのにそれで成功したので、後から大手が「ここまでだったら上げれる実績ができたな」って大手もだんだん値段を上げだしたんです。

浜町：最初、コンセプトの「メイドイン土佐」というのはできていました。それでその当時僕が作っていたのはアイスクリンと、柚子、文旦、ポンカン、小夏のシャーベット、この5品で勝負をかけて、それはそれでよかったので、続く矢を放ちたい。プランはいっぱいあったんです。お茶、お塩、トマト……高知県産品はまだたくさん素材があって、それを商品化したくてたまらない。けど、金がない、資金が枯渇して二の矢が放てない状況になっていました。小松さんところへ行ったのはそんな切羽詰まった時でした。

小松：理屈もなかなかいい、基本的に商品はだいたいできている。後は、お金の問題だった。きちんと作ればなんとかなる。「いけるぞ」と。

浜町：そうしたら小松さんが文書の書き方から申し込み用紙の書き方まで全部レクチャーしてくれました。プレゼンはどうやってやるのか聞くと、審査員の人たちの前でおまんの思いの丈を伝えたらいい、そのためにはパワーポイントを作ったら画面を見ながらこうですあですと言えるからあった方がいい、とか。「マウスも触ったことないのにどうやって作るがよ」と言ったら、「まずはどんなにするか、おまん書いてきいや」って言ってパワーポイントの操作方法を教えてくれたんです。

それでプレゼンテーションに臨み、パワーポイントを使って人前で話すのは初めてだったけど、言いたいことを全部伝えられたと思った。それは小一時間ほどでしたが、僕は「明日のジョー」の最終回みたいに真っ白に燃え尽きてました。その後、役場に行って産業課の課長とかコーディネートしてくれた人に「今日はプレゼンテーションがあって想いを全部伝えてきた。採用されるかされんか分からんけど、すごい燃えつきました」って言って。

それで2か月後10月か11月に採用通知が来た時にはもう、泣きそうになりました。「やったあ！　これで日の当たる場所へ行ける」と感激しっ放しでした。それは第一関門にすぎないんだけど、僕にはその扉がぎーっと開いて、向こうからシャーっと日の光が差し込みゆう絵が見えた。「わあ、扉が開いた！　神様ありがとう！」。もちろん、頂いた予算で梅原真さんにデザインをしてください！ってお願いに上がりました。高知アイスが初めて表舞台に出るようになるきっかけが、そこから生まれるわけです。

小松：お金を一番かけたピーナッツの絵の「メイドイン土佐」。このデザイン、売るためによかったんじゃなくて、浜町さんの頭の中、心の中を整理するのによかった。これが一番大きいかな。県の補助金はほとんど全部、浜町さんの頭の中を整理するために役立った。実際、それが再興というかV字回復というか、悶々とした時代を脱する大きなきっかけになったんです。

浜町：その通りですね。10数年ドサ回りをしよったのも、苦しい時代を通過したのも、この言葉に出逢うためにあったたんだなあと思うと、土佐山田の梅原さんの事務所から家のある春野まで帰るのに、もう前が見えなくなって何回涙を拭いたか分かりません。

小松：どういうふうにしたらもっと伸びるかという戦略、これでいいのかあれでいいのかということをいっぱいやってきたけど、なかなかうまいことといかない。それをブレイクスルーするには、考え方や方法なりを自分の頭で整理するしかない。それを補助事業というか、重点プロジェクトという名を借りてできた。

結局、行政が応援するものはビジネスプランじゃないんです。経営者の情熱なんです。ビジネスプランと言いつつも、プランを通して「社長のやるぞ」という想いを見るんです。その時は2つのプロジェクトが採択されたんですが、両方とも他のプランと情熱が、パッションが違った。

浜町：稲生の後半はこういう時代でした。そうしてだんだん売れてきて稲生の工場では手狭になり、その時に企業誘致の話を吾北村役場からいただいて転居しました。高知アイスが今の形になる、吾北時代（２００３年－今日）の始まりです。

ヒットする商品には方程式がある

浜町：重点支援プロジェクトの3年間のおかげで、新商品の開発ができましたし、引き出しがいっぱい増えました。もともと会社の強みは出口を作るのに長けてるので、商品ができれば売り先は自分らの足で開拓できる。

小松：浜町さんは現場でやっているので、出口を見据えた商品づくりの感性が十分にあった。だけど、会社をマネジメントしていく管理とか、まだ小さな企業なので経営資源が乏しいゆえにいろんな課題があった。

浜町：アイデアは枯渇するどころかいっぱい湧いてくるし、人からもらうこともある。アンテナを高知県中に張っていると、「どこそこに美味い果物があるぞ」「あそこのおんちゃんがバナナ作りゆぞ」「ここではパイナップル作りゆぞ」という情報はいっぱい入ってくるので、そこへ行って「おんちゃん一口食べらして〜、こりゃ美味いねえ、いったい年間どれだけできるが？」っていう感じで素材選びに走り回っています。

小松：浜町さんが強いのは、出口のネットワークと感性。こういう商品にしたら売れるというマーケティングができる力がある。多くの食品企業に共通して言えるのは、この商品開発の姿勢。なんでもかんでもすぐ東京へ持って行って「上手くいかん」ってぼやくのはやめてほしい、と思う。どういう商品を作って、どういうふうに売るかくらいはせめて持ってないと。それが分かってない人を応援しても難しいんです。

商売である以上は何から何まで応援してやるものではない。あくまで行政で応援するのは、一部欠けているところをちょっとお手伝いするだけ。中核は、メインプレイヤーがどう考え、どうするかです。マーケティングの力が半分しかないのに「やらせて」って言われても……。我々は主体ではない。ちょっとお手伝いするだけなんです。

浜町：感性はドサ回りで磨かれましたけど、もう一つ、僕は「なぜだろう」と考えることを本から言葉からものすごく感化されています。

例えば、松下幸之助さんが「何故あなたは成功なさったんですか」というインタビューに「無学だったことと体が弱かったことが僕が成功した理由です」と答えた言葉が心に響きました。小学5年生で電気屋さんに丁稚入りした松下少年はずっと下働きをしながら、ある時、電球を消したら部屋が真っ暗になる。「もし豆球一つあったら暗い中でも見える」と二又ソケットを開発する。それが大ヒットして独立することになった。

本田宗一郎の自叙伝を読んだら、もともと本田家は自転車屋さんなんです。ある時、自転車に一馬力くらいのエンジンを付けてチェーンをひっかけ、天竜川の河原で自転車を踏んだらエンジンがかかる。これが「スーパーカブ」の誕生となり、ヒットになるわけです。世の中に必要とされるものを見つけ作り出したら自ずと売れる。ヒットには方程式のように原因があって、世の中が欲しがっている商品を作れば必ず売れて、最後には大きな会社になる――。

松下幸之助とか本田宗一郎とか井深さんとか盛田さんとか、大企業の創生期の人の本を読んだおかげで、子どもの頃から「なんでこの商品が売れるがやろうか」と原因を考える癖がつきました。「言葉」は絶対に人を動かす第一原因になると思います。「想い」が一番ですけど、「想い」を起こす「言葉」も大事。子どもには、「気になる人の本を読め」と言いたい。

小松：浜町さんには言葉に対する感性もある。それは、本の影響なのかもしれない。

浜町：本に触れだしたのは、中学校を卒業して漁師になってからです。だって、漁師ってめっちゃ時間があるんです。港を出て餌場に向かうのに半日か一昼夜かかる。当直で1日4時間現場に入って、その間は食べては寝、食べては寝、その間は本が読める。今度は、餌を仕入れて漁場まで行くのに3日かかる。3日間は1日4時間の当直をするだけで、後は食べては寝、食べては寝、その間ずっと本が読める。漁をして帰るまでの3日間、またずっと食べては寝、寝ては食べ、とにかく時間があるんです。みんな本を読んでましたし、意外と漁師は勉強家なんですよ。

僕は中学しか出てないので高校を出た子に負けたくない。だから、1週間に5000円は本代に使いました。漁師時代の6年間に何千冊読んだか分かりません。エンジンのボイラーはどういう仕組みで回っているのかも学びましたし、スケベなことから政治経済まで全て本から吸収しました。あとは地です。

浜町：陸へ上がってから8年間、営業マンをしました。ヒットする商品は世の中に必要とされているものの中からしか生まれません。太陽ヒーターの営業をして、1台17万円もするものを四国で一番売ったセールスマンになりました。ナショナルが出したホットカーペットも高知県で一番売り上げ、表彰状をもらいました。「これは絶対に売れる、世の中に必要とされている」という確信が自分の中に得られたら、売る自信がぼんぼん湧いてくるわけです。もちろん、高知アイスの商品についても「これ、高知では売れんろう、けんど都会では絶対爆発するろう」と予見があったわけです。

小松：やっぱり「人をつくる」という時間が必要なんでしょうね。本を読み言葉から学ぶということをもっと伝えることが大切なのかもしれない。

浜町：僕はよくノートに、心に残った言葉を書くんです。この前、「井の中の蛙、大海を知らず」とここまではよく聞くんですが、この下の言葉を初めて知りました。「されど空の青さを知る」と。ここまでが一つの言葉だったらしいです。それを聞いた時には心がどきっとしました。井の中の蛙だって空の青さが分かっていたら上等、と。

小松：感覚なりセンスは磨くしかない。松下幸之助なり本田宗一郎とかの本を読む、読んで刺激を受けてビビビンとくる、そのビビビンがセンス。「本を読む」「人の話を聞く」というのが大事やね。

目利き、見極めができるサポーターがいてほしい

浜町：僕は一番の相談相手に小松さんを選ぶし、自分の兄貴みたいにも思っているんです。気軽に「ねえ小松さん、どうよ〜」とか言いながら、「近頃こんなでね、あんなでね」って身の上話とかして。困ったなと思ったら、小松さんに会いたい、行こうって思う。小松さんも僕のことすごい気にしてくれているので、うちのアイス祭り行きたいって来てくれたり、「浜町くん、ここはああしたらえいんじゃないが？　そこはこうやないが？」ってアドバイスしてくれる。なかなかこの歳になって僕にそんなアドバイスしてくれる人ってめったにいない。僕にとってはすごい貴重な存在です。

小松：私が好きな当時一ツ橋大の関満博先生が「企業さんと付き合うには一生の付き合いとする覚悟が大事です」と書いているけど、その通りだと思う。企業さんと付き合うっていうのはそういう覚悟でやっていかないと多分だめなんじゃないか。そういう心構えがなく、「ここではこれだけ」という支援や、部署が変わったらつながりが切れるという支援を繰り返しても、そんなの上手くいくわけがない。高知アイスさんは絶対伸びると思ったし、そういうふうに接しもしてきました。

浜町：ありがたいですね。会社でいつも役に立っているのは「飲みもって会議」。飲んでい

る時は責任がないので、「僕はこう思うけどにゃ～」「ばっか、そんなんたまるか」「やっぱりこうやろー」ってみんな好き勝手言う。そんな時、その空間をアイデアがころんころん飛びゆうがです。これを拾わんといかんがです。

小松：そこから頭の中に化学反応が起こって、アイデアに結びつける、そんなことが自分でできる経営者が必要なんです。

僕が大学の非常勤で話す時よく使う「教師（経営者）はものを教えるだけ、尊敬される教師（経営者）は人々の心に火を点ける」という言葉があります。要は、言葉で伝えるだけじゃなくて、心に火を点けたりいろんな化学反応を起こしたり、何気ない言葉の中でもそういうことをやっていく……。

浜町：救世主「メシア」という言葉があります。「メシア」は、油を注ぐ人って意味なんだって。そこに点いている火に油を注いで勢いを起こす。小松さんはメシアなのよ。

小松：高知アイスが歩んできた会社の歩みを通して、浜町さんは食品業界の中でも先頭で走ってきた人。これからは、とにかく10億円企業にして、みんなの目標になっていくことが浜町さんの役割です。浜町さんが目標を実現すれば、「自分もあのようにできる」「ああいう会社になる」という人が出てくると思う。その時にその人たちに「目標にしたのは浜町さんでした」と言われるような存在になれば、高知県はよくなるはず。

浜町：僕にとって小松さんがいたからすごい安心できたし、こうなれた。一番結末に小松さんがいる、と思ったらなんでもできるし、「困ったら小松さんを頼っていきや」って若手経営者みんなにも言っています。小松さんはノウハウや情報を一番持っているし、他の企業の長所も短所もご存じなので、若手の人たちに的確なアドバイスができる。こういう人がもしいなくなると、中小企業の人たちは「さあ、困ったねえ」「誰を頼っていったらえいかねえ」となります。

小松： それは言い過ぎです。

浜町： いや全然言い過ぎじゃないです。

小松： 中小企業は、成長の過程で全部がお金に困っているわけじゃない。むしろ、こういうお金があったらいいなっていうタイミングの時に出せる国や県の制度があればいいけど、どんどん社会が変化していくのでその必要なタイミングで必要なものが出せるかどうかというのは分からない。ちょうど浜町さんには合ったけど、補助事業は基本的に事業主旨に合うようにしないといけない。企業さんはお金に困っていると言いつつも、売り上げを上げるにはこうやった方がいいというようなものもある。「お金が欲しい」と言われて、すぐ出せばいいというもんじゃない。100社あったら100通りあるわけで、その時の状況をサポーター側は分かって理解していないといけない。サポーター側の人たちは、そこの目利き、見極めがきちんとできる必要があるんだと思う。

7億売ったら、年齢と同じ給料＋ボーナスたっぷり、と約束してしまった

小松：高知アイスの商品は海外に出るようになった。アイスクリームは季節商売で、シャーベットは夏の商品。夏の商品だから工場が安定的にまわらない。冬の商品を見つけ出して工場をまわしていくものがどうしても必要。それもあって暑い海外の国に目を向けた。マーケットの国内市場は縮小していくので、これからは海外の市場でどれくらい仕事ができるかが、会社の成長にかかってくる。ハラル認証を高知県で一番最初に取ったのも、やっぱりそういうセンスなんです。

浜町：それは、そこにカツオがおるき。

小松：浜町さんから見ればそうなのね。だって、あんな暑い国の、あれだけの人に、絶対自分の商品が必要だと思われるはず、というセンス。本当に「カツオがおる」。

国内需要を縮小させているのは人口減。内需だけでやっていく県内の企業はなかなか厳しい。それは間違いないので、海外を睨んだ対応をしなければならない。その中での競争。そのためには自社の経営資源の整理をしていかなくてはいけない。

浜町：近い将来、5年後くらいには会社を子どもに渡そうと思っています。一番下の子が調理師学校へ行ってケーキを作る技術を習得して、今うちの製造の方にいる。この子に海外の

感覚を身に付けるようにし、海外市場の分は任せようと思っています。来年（２０２０年）の1月から彼は自分でフィリピンとオーストラリアに1年間語学留学する予定です。僕が海外に行って一番困るのはやはり言葉でのコミュニケーション。それでもなんとか海外で７０００万まで市場を作りました。言葉が通じなくてそこまでできるなら、言葉が通じればその倍はできるはず。

僕のビジョンは、従業員とその家族が幸せになって、素材を提供してくれている農家の人の所得も上がって、三方良しで、お客さんもみんなが喜ぶのが理想。そして、今の従業員の子どもが「お父さんの会社に入りたい」「お母さんの会社に入りたい」って言ってくれる、二代続いて高知アイスの家族になれる、そんな会社を作りたいと思っています。

小松：ただ、従業員さんが安心して働けるようにすることに高知の企業はあんまり意欲がない。所得分配率は、社長さんが高くてスタッフに少ない。高知は他の県に比べて社長さんが極端に取り過ぎの会社が多くある。この労働所得分配率がひどいのが県内の企業に人が入らない原因の一つになっている。これでは、人材を拒み、ただ賃金の安い人が欲しいと言っているようなもの、それはちょっと違うと思う。

浜町：うちはみんなに約束しています。「7億売ったら、おまんらの歳と同じ給料をやる。ほんなら給与面でかなり幸せになれると思うよ。精神面も豊かになれると思うよ。だから7億という数字を目指そうよ」と、そういった話をします。

小松：社長は社長なんです。社長は現場のリーダーでなく、社長業をやってないと結局上手くいかない。製造業の中小企業で社長業をきちんとやっている人は少ない。

浜町：僕は、現場に入る時間があれば、一生懸命本を読まないかんがやない？　落語を聞かないかんがやない？　講演会に出ないかんがやない？と思う。

社長って、常に誰かの話を聞いて刺激を心の中に受けていないと怠惰になる。高知にいたらあまり刺激はないんですけど、僕はいつも刺激を求めている。「日経トップリーダー」という本には必ずCDが付いていて、成功した人たちや社長の講演が入っているんです。カクヤスの社長なんかが、なぜ成功したのかなどを話を聞くことができます。それとか「ガイアの夜明け」とか聞きたいものをCDに焼いて、それを車で聞きながら「そうか、この人はこうして…わあ」と、世の中にはわくわくする人がいっぱいおる！と思います。アフリカの雨乞いが100％達成する部族の話を聞いた時には「なんじゃそれは」と思いましたね。本で読んだりCDで聞いたりTVで見たり、刺激はいっぱいある。やっぱり刺激を求めんといかん。

生き抜くポイント1

夢、志、想いを持ち、自分のビジョンをあきらめない

高知で存在感のある中小企業を見ていると、ある共通点が見えてきます。経営者が抱いてきた「夢」や「志」といったものをずっと大事にしていることです。企業経営を続けていく中であったであろう、さまざまな苦難を乗り越えられたのも、多分、彼ら自身にあったその強い思いだったのではないしょうか。

中小企業者の多くのチャレンジは失敗する。それでも諦めず続けられるのは、経営者が持つ〝熱い情熱〟なのです。自分の目指したものを実現しようと〝挑戦する心〟なのです。そして、夢を持ち、想いを持って事業経営を続けている経営者は、青年のように若く、青年のように熱く語ってくれます。

だからこそ、スタッフも利害関係者もサポーターも、「あの人についていこう」となるのです。

アイデアを形にする―

受注縫製から製造小売へモデルチェンジし
高知の地域資源〝よさこい〟で外貨を得る

山中 英作

株式会社マシュール代表取締役

1948年、宿毛市生まれ。高知東工業高校を卒業後、大阪府で自動車整備関連の会社に就職。その後、神奈川の会社へ転職するが、1971年地元で縫製工場「栄喜ソーイング」を創業した父に呼ばれ1975年に帰郷し入社。1981年3月から代表取締役に。

縫製業界が低迷する中、委託加工業を抜け出すヒントは地元にあった

小松：平成の時代に入って縫製業界はそれはひどい土砂降り状態でした。山中さんは宿毛の端っこで、時代にビビッドな感覚を持ってないと生きていけないアパレル業界に身を置きながら、よく生き残りましたね。最初によさこいに目を付けたのはいつ頃ですか？

山中：１９９８年（平10）だったかな。高知県産業振興センターの紹介で、ある高校のよさこいチームの衣装を作ってあげてほしいという依頼がありました。目を付けたというより、声がかかって作ってみたというのが最初。本格的に取り組んだのは２００４〜０５年（平16〜17）頃からです。

小松：ということは、ここ15年で生まれた新規事業。現在、よさこい関係の受注はどのくらいあるの？

山中：全国130チームの衣装を作っています。高知のチームは15チームくらいなので、ほとんどが県外。受注はだいたい自社のＷＥＢサイトから受けています。

小松：高知県内にはよさこい衣装の企画を手掛ける会社がいくつかあるけど、企画やデザインが主で、縫製や仕上げまで一貫してするところはない。

山中：我々はデザイン、パターン作成、材料仕入れ、二次加工、裁断、縫製、仕上げプレス

まで全て自社でおこないます。昇華転写の機械も導入しているので、生地のプリントも外注せずに社内で生産することができます。

現在は売り上げの65％がよさこい関連の商品です。高知のよさこいは全国に飛び火して、毎年6月から8月に全国各地でよさこいチームが踊るイベントが開催されます。そのため、3～8月の半年間はほぼよさこい関係。その他の時期に、よさこい以外の自社商品が20％。残りの15％は委託加工ですが、本来はやりたくない。閑散期の仕事としてしかたなく受けている状態です。

小松：縫製業界は面白いほど分業になっていて、依頼を受けて縫うだけの工場ばかりで付加価値額が低い。よさこい衣装は、既存の委託加工と比べて利益率が全然違う。

山中：一般の縫製委託加工業は、上から言い値でやらされているようなもの。自社企画だと、正当な加工賃を下から積み上げ、この衣装は3千円、4千円、5千円と、こちらで価格を提示できる。そこに、材料仕入れ、生地、副資材、プリントと積み上げる。ロスマージンを乗せることもできるので、収益性の高い事業と言えますね。

小松：しかも、よさこいチームは毎年衣装を新調する。

山中：そこに商機があるわけですよ。特に県外チームは、全国あちこちのよさこいイベントに出かけて行ってその年の衣装を着て踊るので、衣装のウエイトが高い。

ところが、高知のチームはそうじゃない。高知のよさこい祭りで踊ったらそれで終わりのチームが多い。さらに、楽曲作って、振り付けの先生に依頼して、地方車《じかたしゃ》作って、バスの借り上げ、飲み食い代、そして、衣装は最後に残った予算で作る。こんな考え方なので、コスト的にかなり厳しい。その反面、衣装にはこだわりがあるので要望が多い。

小松：よさこいの衣装を作って高知の文化を支えながら顧客は県外に広げる。しっかり製造小売業のビジネスモデルとして機能しています。よさこい事業の売り上げは、まだまだ右肩上がり？

山中：私はそう思います。最近はポーランドのチームが踊りに来たし、将来的には海外でも踊るようになる。受け皿をしっかり広げていけたら、この事業はまだまだ伸びます。

小松：よさこいが海外に広がるっていうのは、ある。いまやインターネットの世界なので、国が違っても、言語が違っても、割と簡単に取り引きができる。

ものづくりのよさを活かしていない、それが縫製業界の最大の欠点

小松：昭和40年代、高知県に働くところがなかった。特に女性の職場がない。そういう働きたいお母さんたちの職場として市町村が誘致して、土地を提供して、そこを運営するだけの縫製工場が地区地区にできたという歴史がある。

山中：私の父親は市役所に勤めていたんですが、地元に女性の働き口がないということで、

今で言う企業誘致みたいな形で、宿毛市の栄喜《さかき》という漁村にソーイング工場を建てて、早期に依願退職して工場長をしていました。
私は自動車の整備工になりたくて、東工業高校へ。卒業後の１９６７年（昭42）、大阪の非破壊検査の会社に就職し、後に神奈川県で同様の仕事を４年ほどしていたのですが、１９７５年（昭50）に父に呼ばれて戻ってきました。
栄喜は当時約500人の集落で、従業員は30人くらい。カットソーやジャージー系の素材に特化して、レナウン、キムラタン、BEBE、ファミリア、リオヨコヤマ、ミキハウス、一通りの子供服はやりましたね。最も取り引きが多かったのが、フーセンウサギ。
小松：山中さんが帰ってきた頃は、縫製業はいい時代だったでしょう。
山中：そうですね。県内におそらく350社前後あったと思います。宿毛市には大小あわせて10社くらい。高知県は四国四県の中では最も少なく、一番多いのは愛媛県。愛媛はタオルの産地がありますし、関西の企業が四国に工場を持つケースが多く、香川徳島は京阪神に近く物流のしやすさがあったんでしょう。我々の前身の工場だって、奈良県の縫製会社の宿毛工場。そういう工場が多かった関係で、景気が悪くなると閉鎖するのも早かった。現在、高知県内の縫製業は30社か40社でしょうか。
小松：平成に入ると国内の縫製メーカーは右肩下がりで、次々とつぶれていくという時代に突入します。縫製業界は分業制でやってきたので、自分で考えて企画開発して、自分で売るわけじゃない。材料を支給されて作るだけで、価格はこじゃんと低い。資本整備率が高い産業ではないから、発注側が「やーめた」と言って撤退しやすい。

山中：これは最大の欠点。委託加工業というのは、製造業というよりある意味サービス業。材料も支給、仕様書、型紙も支給。あとは、縫製という加工のサービスを提供するだけ。デザインして、型紙をおこして、生地を仕入れて縫製して売れるかというと、そういうことはできない。

小松：売り上げのピークはいつ頃？

山中：１９８７年（昭62）くらいじゃないでしょうかね。最盛期は65人の従業員を抱えていました。平均年齢29歳、若い人たちが集まってくれましてね。私が42歳の時でした。勢いがあったんでしょう。１９８９年（平元）に今の工場の場所（宿毛市小深浦《こぶかうら》）に３つ目の工場を建てて、会社名をマシュールにしました。

ほぼ時を同じくして、衣料品が高い値段で売れなくなっていく、人件費の安さを求めてだんだんと海外生産にシフトしていくと、周囲の状況が一変していきました。それから落ちていくのはあっという間で、売上高はピーク時の４分の１になり、県内３か所の工場のうち本社工場以外を閉鎖し、規模縮小を余儀なくされました。まさかこんな時代が来るとは思っていませんでした。

金融機関からは要注意先という烙印を押されて、貸しはがしにあい、信用は失墜してしまいました。家内が「もうこれで最後で」ってお金を用意し涙を流されたことを未だに忘れることができません。この状態から抜け出すにはどうしたらいいんだろう、どうやって資金調達をしたらいいんだろう。自問していたら委託加工業の欠点が見えてきた。「縫製業はものづくりの強みを活かしてない」、そう気づいたのが、どん底の2000〜01年（平12〜13）頃でした。

あれやこれやから、よさこい一本に絞る

小松：ちょうど僕が産業振興センターの職員の時代ですね、山中さんが飛び込んできたのは。

山中：何期も赤字経営が続き、とにかく経営を立て直さないと破綻する、そんな危機に直面していました。新規事業に取り組んで経営革新し利益を創出する企業へ転換したい、したいけれども金融機関に頼れない中でいかに資金調達をするか。それは、補助金しかありませんでした。

小松：話を聞いてみると、山中さんは機械系の工場を経験しているので、ものづくりのセンスがあるな、と。ちょうど事業の可能性を評価する事業の公募があったので「やってみないか」と持ちかけました。

山中：それは、2001年（平13）の産業振興センターのベンチャー商品市場調査事業です。企業が商品を企画開発して、その商品に対して市場性があるのか調査してくれる事業。手をあげたら運良く採択され、オリジナルユニフォームの市場性について調査しました。

小松：山中社長がなにを提案したかというと、飲食店のユニフォームの製造販売。当時は、山口県の小さい会社だったユニクロがまさに成長していた時代でしたね。

山中：市場調査でそういうオリジナルユニフォームの需要があることがわかって、いろいろと作ってみたんです。でも、待てよと。ユニフォームは最初どーんと受注が来るけど、その後は小口の追加で、サイズバリエーションも多いし、コスト的に合わない。これを新規事業にするのは難しいことと思いました。

小松：けど、あの時に思考訓練した、ユニフォームを製造販売していくユニクロのような製造小売りをこの田舎の中小企業でもやっちまえ！というのが、今の業態に行き着くきっかけになりましたよね。

山中：そうです。その次のターニングポイントがあって、2003年（平15）の経済産業省から繊維製造業者自立支援事業という補助事業が出て、応募したんです。けど、書類審査で不採択。懲りもせずに翌年もチャレンジしようと思い、その時に小松さんにアドバイスをもろうたんです。内容は同じようでも、審査員を説得する事業計画を作らんといかんと夜な夜なパソコンに向かい、いろいろと書き方を変えて応募しました。その時、小松さんは「高知のプロジェクトXになれる」と励ましてくれました。

おかげで2004年は書類審査を突破して、プレゼンテーションするために虎ノ門へ。ここまで来たら採択されたもんやろうと思うたら、「1／3の自己負担金はどうするのか」「ほんとに資金調達できるのか」と審査員からボロクソに言われて。C評価の不採択通知が届きました。事業計画には、オリジナルのユニフォーム、それから婦人服、よさこい衣装、思いつくものを全て盛り込んでいましたから「この事業を遂行するだけの企業体力がない」と判断されたんでしょう。

なんとしてもとの思いもありましたので、3度目の正直と、2005年も申請しようと決めました。たまたま知り合いのミシンメーカーの販売部長だった人がこの事業のアドバイザーだったので相談に行ったんです。「ユニフォームも婦人服も他の企業がさんざん提案していて失敗が目に見えている。事業計画書にいいのがあるじゃないですか。よさこい一本に絞りなさい」と言われたんです。

小松：そこから、よさこいにつながるわけですね。

山中：インターネットで調べると、よさこいは高知だけでなく県外にも広がり、うなぎ登りに踊り子が増えている。よし、これにかけてみよう、と。もし採択されたら、この補助事業は自己資金についても政府系の金融機関が認定書を担保に貸してくれることになっていて、よさこいに絞って提案したところやっと採択されました。2006年はオリジナルの半纏《はんてん》の制作、2007年は総括するための経費が認められ、3年連続で事業をすることができたんです。

どん底だった状態から、ゆるやかにV字回復するきっかけができ、そこからネットを使ったビジネスに変わっていきました。

小松：インターネットの時代がそこにあったのも大きい。製造小売りを目指すなら、お客さんの声を聞かないといけないけど、リアル店舗を持つわけにもいかないので、ネット上に店舗を開く。そこに買いに来たお客さんが求める一品を作って差し上げるという業態、いわゆる製造小売りを中小企業でもできる状態になりだしましたね。

アイデアを形にする力を強みに、防災や子育てなどさまざまなテーマに展開する

小松：よさこい衣装の製造小売りで成功した自信がここにあって、そのことが自社商品の開発にもつながっていきました。最近では、防災の自社商品も開発しています。

山中：「ハコベスト」は、東日本震災の時に救命胴衣を着ていたけど横向けに流されて亡くなった人がいるというニュースを見たことがきっかけです。2012年（平24）にグッドデザイン賞を受賞してから、浮くタイプとか、火災から身を守るタイプとか、活動できるベストとか、いろんな商品が派生して出ていきました。高知県の防災商品にも認定され、展示会

にも出品しています。
防災関連の補助金で革の縫製ができる設備を入れていたので、小学生が作文に書いた救命胴衣を仕込んだランドセルを実際に作って小学校へ持っていきました。これもニュースに取り上げられて話題になりました。自分で企画して作って、売れる力があるという自信がついたからこそ、こういった商品ができたのだと思います。

小松：これがアパレルの6次産業化。宿毛という日本のいなかで、こんなビジネスモデルを打ち立てて中小企業の特性を活かしながら回復した。単に企画屋さんではなくて、金融機関との付き合いも分かっていたので、山中社長は必ず四銀の本部へ行って、きちんと金融機関とのコミュニケーションを取っている。普通の経営者は案外ここまでやってない。このことが金融機関との円滑な資金調達につながり、宿毛であれだけの巨大な工場を持つことにつながり

図：アパレルの6次産業化

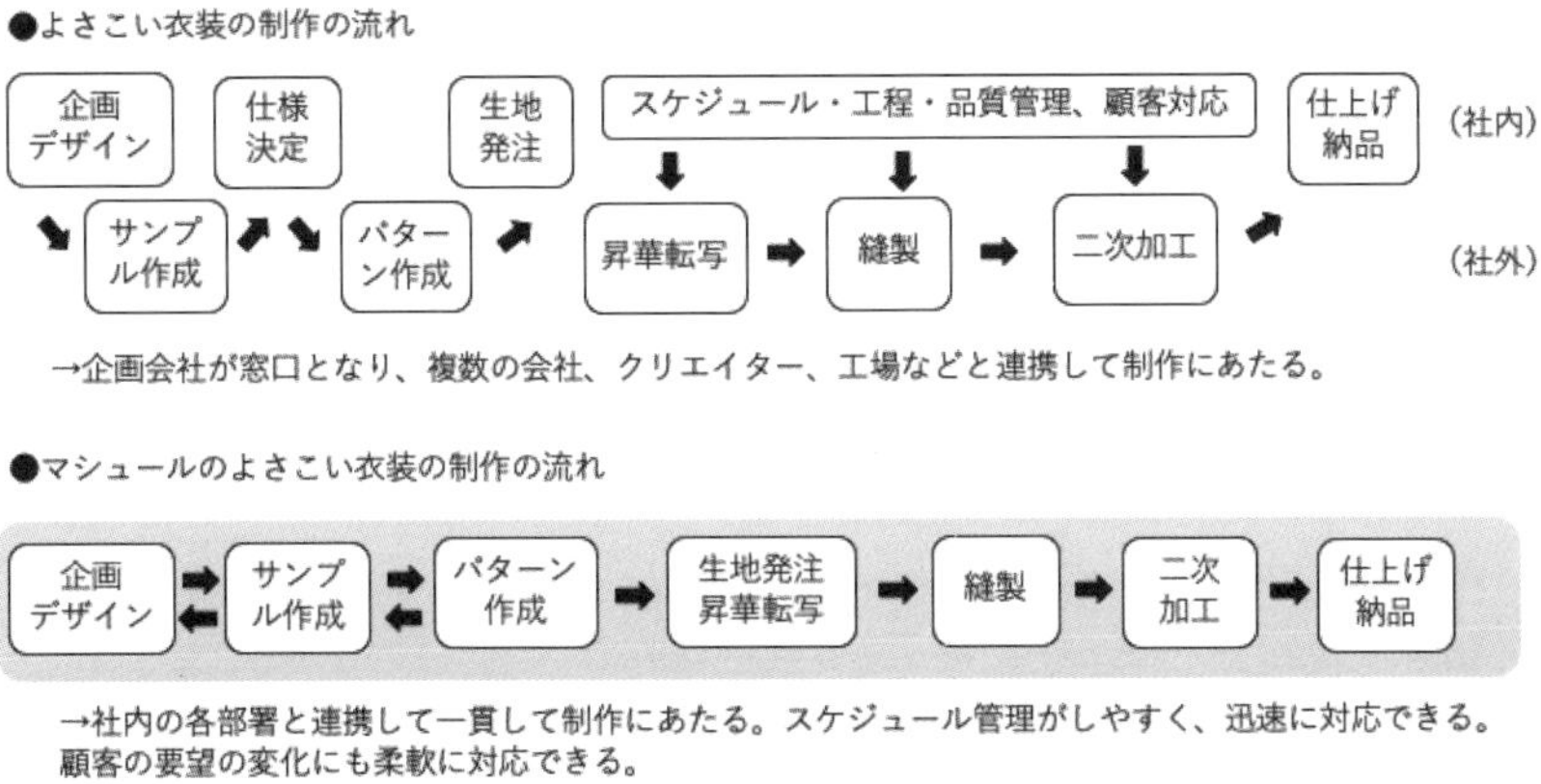

ました。

山中：２０１６年（平28）に工場の南にあった電子部品工場が撤退して、そこに自社工場を移転しました。南海トラフを見据えた高台移転の意味合いもあり、全国から視察が来ます。

今、５年の事業計画の４年目に突入しています。過去の売り上げピーク時と同じ水準にもうすぐ届きそうな予測です。

小松：そのためには、やっぱりいろんな新商品を作りだすという、企画できる会社という存在であり続けることが必要。そういう位置にいる限りは大丈夫です。

山中：高知独自の文化である「よさこい」で外貨を稼いでくるということは、地産外商の典型だと思っています。どんな商品を作ったとしても、県外に対して売っていくという姿勢です。

最近のヒット商品で、「ＯＦＴＯＮ　ＢＡＧ」というのがあるんです。次男の嫁が考えたもので、保育園に持って行く子どもがお昼寝する布団、その布団が入るバックがありそうでなかった。いろんなカラーバリエーション、デザインのものを作ったら大ヒットして、入園時期になったらすごく売れます。

小松：県内にそういう企画開発ができる縫製業ってほとんどない。唯一企画ができる「オートヨ」は野球のウエアは日本一で、サッカーウエアも手がけるけど、基本はミズノが企画部を担って、ミズノの関連子会社としてやってきた。事実上、自分で企画開発してきちんと商品を開発でき、営業力もあるのはマシュールさんがダントツ。こういう事例というのは、全国においても少ないと思う。何年も前に国は、たくさんの繊維の事業者の自立化を求めた。でも、そういうふうに育つのはなかなか難しかった、現実には。

山中：一般的に助成金をもらっても成功事例は3割と言われます。3という数字でいうと、国内の総衣料品の国内生産は、たったの3％。しかも、国内の工場の7割が外国人実習生を受け入れているので、メイドインジャパン、Jクオリティというブランドをつけている商品も、ほとんど外国人実習生が担っている。どうやって技術の継承をしていくのかが危ぶまれているし、課題だと思っています。

小松：ミシンで縫うだけといっても、そこには熟練の技術が必要ですから。

山中：私が一番気に入らんのは、その技術を正当な対価として評価してくれないこと。現在の委託縫製加工賃で報酬が高くなるわけはない。だから目標は、全て自社の企画商品にして年間を通して製造できるようにすること。それで収益性をあげて、従業員の時給を1000円にアップする、そして地域に貢献する、これが大事だと思っています。

小松：さまざまな経験を積んでここまできた過程の中には、全ての中小企業に通じるヒントが山のようにある。ここまで成長できたのは、苦しい時代でもチャレンジし続けてきたからこそ。やっぱりものづくりが好きという、山中社長のパッションみたいなものを根底に感じます。

山中：まずは好きであること、そしてあきらめないこと。そこに熱意が加われば、創意も工夫も湧いてくる。

若者とクリエイターが活躍できる会社は、人材不足の時代でも生き残る

小松：いま県内に100人を越える縫製工場は2社だけ。野球のユニフォームを作っている大豊町のオートヨと、ユニフォームのシャツを作っている四万十市の中村ソーイング。

山中：100人を越えるというとすごい規模で、その受注量を維持するのは大変なこと。

小松：現在、マシュールの社員は？

山中：うちは32名です。最年少は高卒で入社した18歳、19歳。

小松：そういう若い人が入ってきて働けるのは、いい会社の証拠。縫製といえば未だおばちゃんが戦力というイメージが強い。

山中：そうなったら絶対にいかんのです。現場と消費者を近づけたら、自然とものづくりの現場に若い子が集まってくる。それは当然、その技術の評価をして、報酬を上げられるということ。イタリアとかフランスは、そういう文化ができていて幼少時代からファッションの教育を受けているから、そういう現場に残る人が多い。日本はそうじゃない。「野麦峠」の印象がまだあって、だからいつまでたっても最低賃金で働いている。

会社の若返りをしたいのであれば、高卒を入れるしかない。うちが高卒を入れだしたのは2016年からです。それまで中途採用ばかりだったのは、高校に募集もかけてなかったし説明にも行ってなかったから。自分らにも責任があると気づいて高校に働きかけだしたら、ぽつりぽつり入ってきた。

小松：県内の中小企業は、高卒の新入社員が入ってこないと嘆いている。でも最大の理由は、自分たちの会社の魅力とか、将来性とか、具体的にどんな業務をやってどんなことになるか、もちろん福利厚生も含めてきちっと示していない。要は、情報伝達力がない。魅力を語らんのよ、社長が。自分たちが感じている面白さや魅力をホームページに出すというのが一番大事なこと。それをやれば、かなり県内の企業に若い人たちが入って定着するはずです。

山中：もったいないこと。まだ気がつかんがね、経営者自身が。現場に人が足りないのに、入社を希望する人もいないのに、高校に募集にも行かない。行かないのに来るわけがない。それをするために、会社のプロモーションビデオを作ったりとかインターネット上で見てもらえるようにしたりするとか、そういうことって費用がかかるやんか。でもそれは、小松さんに相談したら、こんな助成金がある、こんなふうに活用できるって教えてくれるわけやんか。

小松：そのプロモーションビデオを YouTube にアップするだけでいい。うちの会社はこんな会社ですと、1分間でいいから具体的に見せるということが大事。

山中：HPを作っても更新しない。そういう努力を経営者がやってない。そういう会社っていっぱいある。

小松：HPもjimdoかなんかで、企業の採用ページを作ったらいい。それなのにウエブサイトを作らない、作ろうともしない企業は絶対生き残っていけるはずがない。

山中：人手不足の時代はもう来ているので、どう生き残っていくかということを考えないといけない。国は実習生制度に頼ろうとして、実習生に対して補助金を出して、あらゆる業界に入れようとしている。あるホテルの経営者に聞いたら、正月に人手不足でしょうがないから、近隣の大学と契約してその時期だけ留学生が働きに来てくれるようにつながりをもっている。外国人を労働者として受け入れるという時代は確実にくる。

小松：確かに縫製の現場で働く人を確保することはとても大事。それに、地方にあってもデザイナーであったり、クリエイターを確保してやっていくことが求められている。山中さんは、ちゃんと自分の息子さんを海外で勉強させて、そういう方向を示した。長男がデザイナーで、次男はウエブサイトの運営をしている。家族の中で役割が整理されていますよね。

山中：研究開発するコツや材料の仕入れルートはできているので、あとは売れる商品づくりをどうやっていくかですね。最近は販売のノウハウというか、そういう壁にぶつかっていて、yahoo、amazon、楽天など、広告宣伝費をけっこう使っています。

こういうものをあいうものを作ったらいいという発想は私ら世代から生まれてこないので、私の立場はもっぱら従業員を教育する立場じゃないかなと思います。1989年(平元)にこの工場を建てたのが、私が42歳の時。小松さんに「まだかえ、まだかえ」「事業承継どうするがぜ」と言われてきましたが、息子たちがちょうどその年代に差し掛かっているので今がこのタイミングと思って、やっと2019年(令元)末に長男に交代することになりました。

小松：国内にこれだけ縫製がいなくなったということは、メイドインジャパンの縫製製品はもうちょっとしたら逆に見直されて、日本国内で日本語をしゃべる人が日本で作りゆうという商品は間違いなく絶対高くなる。事業承継をするし、その時代が来るまで、マシュールは大丈夫です。

山中：私たちは日本人だけで平均年齢39歳。企画・製造・販売の中核に長男夫婦、次男夫婦が入ることで、息子たちの世代が集まってきて、会社はだんだんと若返りができました。外国人技能実習生頼みのこの業界で、やっとここまでもってくることができたという思いです。

地方が主役になる時代が来た——クリエイティブな仕事をする人材を

小松：２０１６年（平28）に移転した新社屋では津波対策で機械を置いていない1階のスペースを開放して、地域の中でいろんなことを議論できる場にしたいと考えているとか……。

山中：今は地方の時代やから、モノを作ること、売ることは当然やけど、ヒトを売ったり、体験や感動などコトを売ったりすることを自分たちで考え、発信できる。よさこいなんかもまさにコトを売っていて、地方が主役になるという時代が来ていると思う。

平成の中盤頃、あの苦しい時代に、まさか今のようにカツオやショウガのような地場産品がどんどんブランド化されていって県外に売られていく時代が来るとは想像もしてなかった。越知町にスノーピークが来たけど、土佐清水の竜串あたりもいいし大月町も面白いし、そういう魅力のある観光地はいっぱいある。宿毛の柑橘類や魚介類がもっともっとブランド化して売れる戦略をしていったらいいと思う。それが、発信しきれてない。そういう地域資源に光を当てて、独自のアイデアを加え発信してくれる猪突猛進する人がおらんと、ものごとって継続せんのよね。これからの時代は、デザイナーやプロデューサー、クリエイティブな仕事をする、そういう人材が地方に求められているんだと思います。

小松：それなのに、県内の企業はクリエイターに対する対価の支払いが非常に低い。

山中：それが問題。コーディネーターとかコンピュータの技術がある人とか、それらは全てクリエイティブな職種。うちにもそういう人材が必要になっています。

私は野菜を栽培したり漁業もしたり趣味が多いんやけど、いま限界集落になっているのに、果たして30年後は人間がおるがかなと。そんな集落、高知県にいっぱいある。すごく心配な反面、移住者がどんどん増えてきて、高知がブランド化され、逆に人口が増えたりするがやないか、ひょっとしたら県外へ出て行く若者に歯止めがかかるがやないか、と期待の気持ちもある。そうすると、地元に魅力のある職場があったり、自分がやりたいことが県内に存在したり、そんなことが増えてくるんやないかなと思う。そのためにも、クリエイティブな職種が多く存在してほしいと思っています。

小松：これからは答えのない社会、クリエイティブじゃないと生き残れない。商品も単品単品ではなく、背景を含めたストーリーを醸し出して総合力で勝負するようになるでしょう。それをうまくまとめる総合プロデューサーのような人が引っ張ってくれるといいと思う。

山中：そうした地域創生が進んでいけば、人間の価値観が変わり、当然働き方も変わってくるだろうと想像します。ソフトな技術を持った人材が増えて、多種多様なビジネスが生まれ、県内、国内はもとより海外に販路を求めて輸出する企業が多く存在するようになっていくことを期待しています。

生き抜くポイント2

変わることに挑戦する心を持つ

中小企業の活力の源泉は、小回りの利く立場を活かし、変化する時代に対応し、フットワークよく、自らの力で挑戦していくところにあります。その行動力こそ、中小企業の若さを保ち続ける〝企業家精神〟の源でもあります。

ところが、挑戦してもうまくいかない場合が実は多く、変化することに躊躇している企業経営者も多いのです。ある創業支援者がよく言うのは、「創業者がいくら精緻な創業計画書を描いて事業を進めても、その計画どおり進まない。実はやってみなくちゃ分からない。成功するのは、進める中で、環境に合うよう柔軟に事業計画を変えられるかにかかっている」と。

時代が変化する中にあって生き残っている、もしくは成長している企業は、そういう難しさはあっても絶えざるチャレンジをしている企業なのです。

地元愛を育む―

暮らしの中に幸せを感じることをベースに、ゆるくつながり、地域に人を呼ぶ

さしみ醤油　150ml
270円（税込）

醤油カステラ（ハーフ）
650円（税込）

竹中佳生子

有限会社丸共味噌醤油醸造場

1978年、須崎市生まれ。実家は漁網屋。土佐女子高校から東京の大学に進学、ゼミ研修で訪れたガーナでギネスビールの味に感動して横浜ビールに就職。25歳で帰郷し、親戚から父が受け継いでいた丸共醤油へ。2007年６月、夫の栄嗣さんが代表に。

人、もの、情報……あらゆるものが集まる須崎。にぎわいとプライドに満ちていた

竹中：私が知っている須崎ってずいぶん活気がありましたが、その前の須崎はどんなまちだったでしょう？　特に産業と関連して……。

小松：須崎の地域特性を考える上で避けて通れないのは、木材と石灰、そして港。須崎は古くから木材の町だった。木材を切り出してきて加工する産業として、製材業を営む会社がいくつもあったし、最近はニュージーランドからニュージーランドパイン材を輸入して梱包材を製造しているんだけど、やっぱり製材が強い。須崎で最初に石灰石鉱業をやり出したのは1936年（昭11）で、大阪市に本社がある白石工業。桑田山《そうだやま》の石灰は質がよかったので、日本で有数の炭酸カルシウムに加工することができた。今も、タイヤとかプラスチックとか紙とか、いろんなところに使われています。上場してないけどすごい会社。

それと水深のある港があり、物流や海運を担う業者がいて、昭和30年代に県が港を整備したことで、木材、石灰を運び出す高知の拠点になった。また大平山鉱山（佐川町）があったので大阪セメント（現・住友大阪セメント）の誘致（昭和36）につながり、1971年（昭46）には日鉄鉱業が進出し鳥形山鉱山（仁淀川町）からベルトコンベアで須崎港まで運んでこれるようにして、窯業《ようぎょう》・土石製品製造業の産業ができ、梱包材料をつくる工場群もできた。

大阪セメント、日鉄鉱業という2社の上場企業とそれに準じる白石工業があることで、大企業の人たちとのコミュニケーションを取ることになり地場の人たちの刺激になった。しかも窯業、石灰産業って裾野が広いので、企業誘致の波及効果で運搬や物流などもうまくいっていた。

昭和40年代頃の須崎は、そういう素材型の周辺産業がいろいろ形成されていった。そういう意味では、県の産業政策の中で生まれたまちでもあるとも言えると思います。

竹中：鉄道らも須崎起点でできていくわけですね。

小松：佐川に大平山鉱山があったので鉄道が敷かれたんです。鉄道も、港湾も、国が進めていた政策にのって整備ができた、という面がある。あの時代は、そういう選択をして豊かになった。給料水準も上がった。一方、地域資源系の人たちはそれほど上がらなかったけど、人が集まったから商業が成り立ち、全体として構造的によくなった。

竹中：須崎の昔のことを調べる中で、1960年代に3万トン岸壁を整備し、貿易港に指定され外洋の船を受け入れる港になった、と知りました。須崎って天然良港に違いなかったわけで、松林があったり、お正月には富士が浜に土俵を組んで火鎮祭でお相撲さんを呼んだり、昔の原風景とともにまちになっていった。私は1978年（昭53）生まれですが、小学生の時は須崎に映画館がまだ1つ残ってました。

小松：あ、ちょうど僕が県庁に入った年。

竹中：あの時の須崎って、わいわいしてましたよね。母が高知市内の出身やったんで、高知と須崎を行き来しながら大きくなるわけですけど、高知のまちと比べて「須崎が負けている」と感じたことはなかった。須崎まつりは商店街で鳴子踊りのパレードを行っていた時代で、鳴子を持って大人も子どももよさこいだけでなく須崎音頭を踊るんです。よさこい祭りと須崎まつりは対等。商店街も大人もすごい元気だと、子どもながらに感じてました。

小松：まちが潤っていたそのエネルギー、今も花火大会で浜から尺玉をあげるのも、やっぱりそう、負けてない。

竹中：確かにエネルギッシュなまちやと思います、須崎は。けど、自分自身も大きくなるにつれて、まちの見方が変わってきました。時代の流れできらびやかな大手の商品やサービスが入ってきますけど、高知市内に来ても須崎まで来ない。須崎は何もない、って思ったこともありました。受験戦争の時代に育ったので、「公立の地元の学校より高知へ行かんと。大学も都会へ行かんと」みたいな流れがあり、中学は高知市へ汽車で通ってました。私は私立でしたが、公立高校が荒れてる感じはありましたね。

小松：そうなんです。高知は所得が低く、共稼ぎをせざるを得なかったので、お母ちゃんが働きに出るんです。それで子どもの面倒を十分見れない。しかも私立中学のウエイトが高いので、いい子がそこへ行ってしまい公立はよけい荒れていく。

竹中：親も仕事が忙しかったですもんね。

小松：須崎に3万トン岸壁を造り工場を誘致するという、政策的に工業都市をつくろうとした地域であるため、埋め立てして、誘致した工場群ができて、バイパスができて、新市街地もできた。でも、働く親は忙しいから離婚率も高いし、1人親の家庭が結構多かったりする。高知の女性が働く場所としては、飲み屋と医療関係の看護師とかだったんです。今でもそうやけど、高知県の医師の数は全国平均の2倍。人口あたりの医師数も看護師数も1位。県民が支払う社会保険料全額の10倍程度が医療費等として支出される、いわゆる財政トランスファーとして機能していた。働き場所が少ない、というのが本当に高知県の課題でした。

須崎にはなにもない。だけど、見方を変えると歴史や文化、人の暮らしがあった

小松：その当時は高知の山間部・馬路村や大川村にも歓楽街があった時代ですが、やがて須崎の主要産業であった木材関連の産業が低迷していくことになります。それでも、マルキョーさんのある昔ながらの旧市街地はだいぶ変わったとはいえ、まちの機能がしっかり残っている。

味噌とか醤油は県内に数社残っているが、狭い地域ごとに味の好みが違う。西部の幡多方面は甘い醤油に愛着があるし、須崎は旨口のマルキョーだ、と。けど、一時期はそういう地域の傾向や独自性を地元民も事業者も価値あるものと位置付けしない、地域の社会の中で評

価しようとしない、不運な時代がありました。

竹中：今は見直されている感がありますけど……。

小松：地域資源系の産業としては、水産資源を活かした練り物を作る小さい工場がいくつも集まって「けんかま」という練り製品の協業組合にして会社になっていった。須崎は商業にとっていい立地にあるので、経済的に町として成り立ち、「須崎スーパー」が4店舗もあった。木材会社の「フタガミ」も須崎発。マルニという量販店を県内の市町村に展開して、今やハマートとかブリコとか県内の他のホームセンターを買収した。高知県内の市の中で、市長が民間出身なのは須崎だけなんです。鍋焼きラーメンにしろ、魚にしろ、「土佐龍」にしろ、地域資源を見直してうまいことやる、たくましいDNAがある。商売の文化風土がある地域。だから、女性が元気なんでしょう。

竹中：ただ、かなり高齢のおじいちゃんとかは「もういかん、いかん」しか言わん人も多くて、悲観的な人が多いと感じたこともありました。上の世代は旧市街地の須崎町がイコール須崎で、新市街地含め周りの町は須崎という感覚ではないのかもしれません。確かに人の流れは大きく変わりました。川端《かわばた》のスーパーがなくなり、「ゆたか」がなくなり、旧市街地の近場にはスーパーがほとんどなくなっちゃったんで……。

小松：須崎にとって「ショッピングタウンゆたか」が高知市の大丸みたいな時代もあったくらいだったけど、2016年（平28）に閉店。県外から来たマルナカがお客を取ってしまい、周辺にあった商業者の多くが影響を受け、かなり大変だった。

竹中：ゆたかは旧市街地の中心的存在でしたから。須崎のマルナカは県内で一番売れゆうと聞いたことがある。

小松：そんな中でも頑張っている人々がいる。須崎スーパーの娘さんは「ゆたか」のPBで人気だったポン酢を今も作って売っているし、上田微生物の社長の奥さんも九州へけっこう売っていると言っていたし、たくましい。あのたくましさは、ちょっとやそっとではへこたれないDNAを引き継いでいる。男の人はへこたれるかもしれないけど、女性はへこたれない、土佐の女だから。

竹中：そういうのを聞いちゃうと、自分もがんばれます。私なんてひよっこで、まだまだ。でもこれから須崎のまちが経済的に良くなるとか、人口がどんどん増えていくとかはとても思えない。本当に時代によって価値観は大きく変わる。これからはもっと個人の幸せを見つけていい時代。もし須崎が別の道をとって、企業誘致をしたり工業的な進みをせず、何もしないままやったとしたらまちはどんな姿だったのかなと考えてみたりして……。

小松：確かに違う選択肢があったかもしれない。今振り返ってみると、その反動のエネルギーが、みなさんの地域の人たちの中に溜まって、内部にあるエネルギーが鍋焼きラーメンであったり、須崎の魚だったりを生み出した。「ディスカバー須崎」という視点でもう一回見直して、小さいかもしれないけど、そういう産業なり民間運動にしているのはすばらしい。

　そして国内で最後に発見されたニホンカワウソがいたのは、須崎の新荘川《しんじょうがわ》。この川にはダムがない。自然をちゃんと残しているのは、今から見てもバランス感があったかもしれない。

竹中：「須崎は何もない」と思って都会へ出たけど、帰って来て「そういえば須崎について知らんな」と思って見聞きしていくと、たくさんの人が大事にしてきた暮らしがあり、積み上げてきた歴史とか深さがあった。これこそがディスカバー、再発見に値するんやろうな。

図：須崎港周辺の産業［須崎港 港湾計画改定（H30年 国交省）を参考に作成］

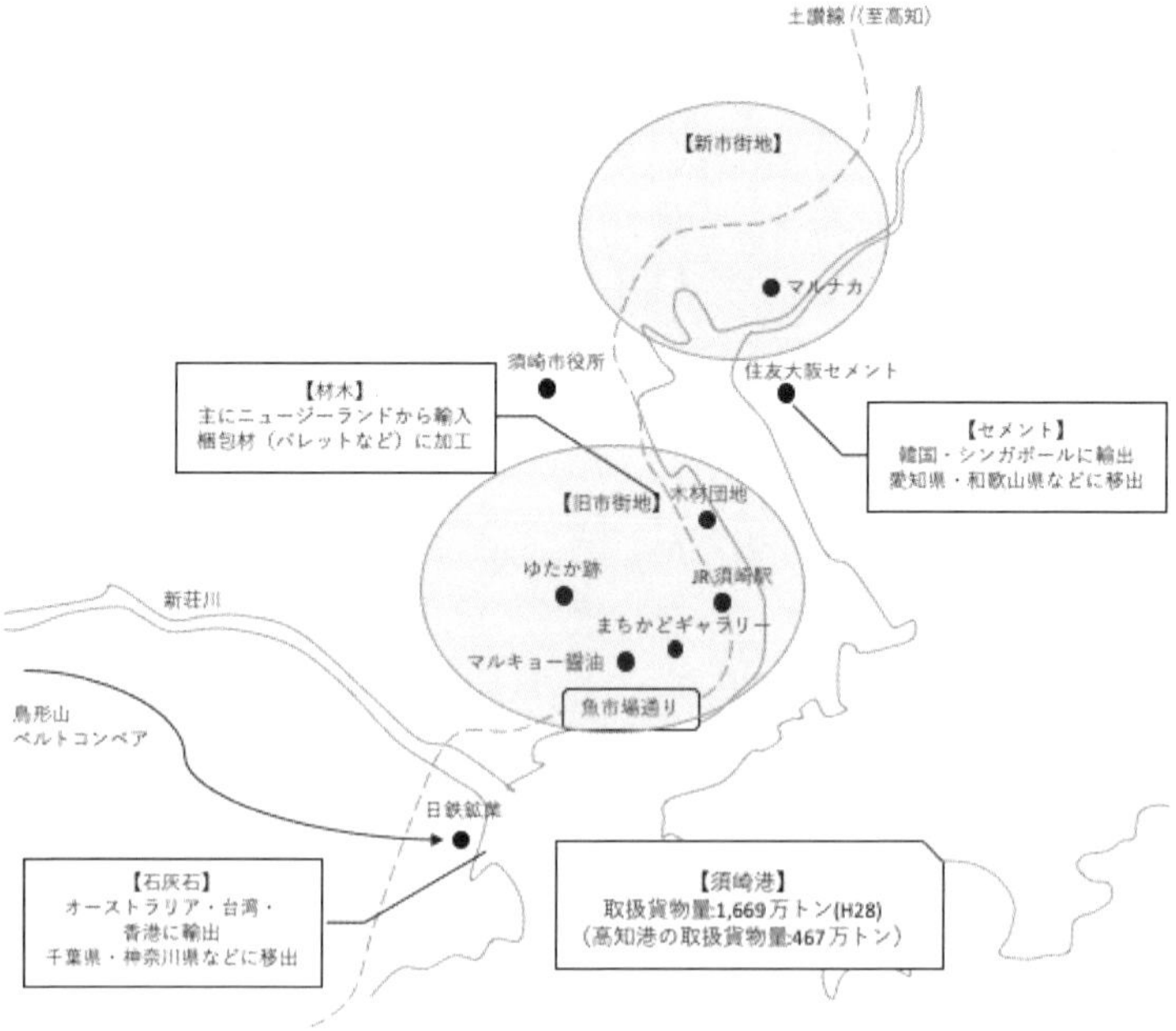

暮らしの中に幸せ感があるから、町のことに目を向けられる、関われる

竹中：私は大学時代に上京して、都会は人口過密で刺激的すぎてエネルギーを消費、消耗する場所で、高知はエネルギーを充電できる場所と、すごく感じましたね。都会にいると満たされない欲求や物欲と戦いながら、どうしても人と比べてしまって、すり減らされる。それでいうと、高知はすごい広いし、すごい豊か。確か私が大学生の時、鍋焼きラーメンプロジェクトが始まったんです。

小松：鍋焼きラーメンの、地域の味はこれなんだ！　須崎のソウルフードのB級グルメ！、というあのメッセージはよかった。醤油味というのもよかったし、その醤油はマルキョーさんというのもよかった。

竹中：鍋焼きラーメンの有名店は女性店主がほとんどです。休日はやらない、夜はやらない、売り切れたらおしまい、ってお店も多いです。お母さんがお昼間にちゃんと稼ぐ場所としてやっていたり、暮らしを優先するという面もあると思います。

小松：そういうのを豊かだと感じる人をつくっていかないといけなかった。そう感じていれば、自信を持って都会へ行ける。

竹中：私は東京にいても土佐弁をやめられなくて、都会で土佐弁を話す私を見た地元の友達

がすごい嫌がってました。そういう「田舎恥ずかしい」みたいな流れも主流としてあるのはわかるけど、実は田舎者の方が都会の人より世の中の見方を多く持っていて、経験値は高いんじゃないかと思うんです。都会の人はなかなか田舎を知ったり体験する機会はないけれど、田舎出身者はテレビや雑誌、情報のほとんどを同じく受け取れるし、都会には憧れて絶対に遊びに行きますもんね。

小松：例えば、新幹線で都会へ行く時に隣に座った人に「あなたどこから？」って聞かれたら、大きな声で土佐弁で高知のいいところを自信を持っていっぱいしゃべれる。県庁にいる時に思ったのは、われわれの目指すところは、高知で生まれ育った人がそういうふうになれること。それが地域の活性化ではないか、と。心の中では愛郷心が強いけど、同じ状況で土佐弁を隠し、生きづらい、住みづらい、高知はなにもない、と答えてしまうようでは違う。胸を張ってこんないいところなんだと言えないと、移住者なんて絶対こない。

竹中：私は大学で国際開発とか南北問題とかを学んだがですけど、ゼミの先生にアフリカのガーナに連れて行ってもらったのが決定打。経済的な豊かさと幸せは必ずしも一致しない、というのが私の価値観になりました。

大学卒業後は全く高知に帰るつもりはなくて、ガーナで飲んだギネスビールに感動した衝動で、たまたま見つけたアルバイト先の横浜ビールに就職した。そこで主人と出会うんですけど、私が先に須崎に帰ったので、遠距離恋愛して、授かり婚。ほんとうに巡り合わせというか、その時に感じたまま衝動的に動いてきた人なので、今の道も偶然の必然。つらいと思うことがあっても、これを幸せと呼ばんと、と思ってやってきた。だから自分の暮らす須崎はもっと楽しくよくなったらいいと思うし、自分のやれることはやっていかなくちゃと思います。子どもを育てゆうので、日々背中を見られてますしね。

小松：結婚して、女性が高知出身だとだいたい夫を連れて地元に帰る。それが男性だとなかなか帰ってこない。それは「はちきん磁石」って言葉があるほどのパワー。

竹中：主人は土佐清水出身なので、Ｊターン。もともと私は醤油屋を継ごうとは考えてなかったんですが、でもうちの親が「ビール造るくらいなら醤油造れ」って、ごもっともな意見で。その時は、ちょうど地ビールブームはやっぱりブームだったのかと問われ始めた頃で業界の行き詰まりも感じ、自分自身もビールを飲んで酔って幸せやけどそれでいいのかなと感じてもいました。で、同じ発酵でも、醤油・味噌は日本古来のもので、もっと伝統的で日本人のルーツ的な食べ物ってところに魅力を感じました。それで私が主人に一世一代の最後のプロポーズ。「親が帰ってこいと言うけど、私が須崎に帰ったら嫌やろ」って言うたら、主人は「帰りなさい」。涙涙の玉砕で須崎に帰ってきたのが２００４年（平16）でした。

私にとって大失恋の失意の暗黒時代でもあった。当時の須崎は、町の整備も行き届きだし、高速が延びて速く帰れるようにもなってきたし、インターネットがだいぶ普及して、田舎にもチャンスが来る、という気持ちはありましたけど。

小松：日本経済で見ると、失われた20年が始まって経済がずーっと停滞して、あの頃から地域・地方の疲弊がどんどん始まった。現実は厳しかったけどインフラは確かにできていった。

竹中：あと、市町村合併。須崎も久礼と合併するという話があったりした。でもその時は、あまり世の中どうこうよりも私の傷が癒えない時期。今すごく思うのは、主人と結婚できて、やっぱり個人の人生が幸せやきこそ地域のことを考えられるなって、すごく思うんです。

小松：須崎は誘致で急に大きくなって、急に豊かになった。それを見ていたせいかもしれない。きちっと大地を踏みしめて生きたいと思う人が生まれてきている。がんばるベンチャー経営者って、けっこう離婚するとか、家庭がボロボロになるとかある。ほとんどのケース、事業に活力を注入するあまりそうなる。事業と家庭の両輪を持ってやっていく、小さな規模っていうか、身の丈に応じた形でやっていくっていうのが、よかったんだと思います。須崎って、そういう文化があるんじゃないか。

竹中：わかる！

変わってないように見えて変えている。それが地域の味を守るということ。

竹中：マルキョー醤油はおじさんとおばさんが経営していたんですけど、お子さんがいなかったので、私が帰ってくるまでは父が網屋をしながら醤油屋も兼業してたんです。

小松：もともと、醸造業も練り物業もみんな小さかった。戦前戦後に協業組合にして、大きな企業に対峙するような流れができた。あの時代には後継者がいないと地域の中で事業譲渡をしたりして、新しい人が引き継ぐということがうまくいっていた。普通に、自然にそれをやって、みんなが地域を守ろうというのが、誰かが音頭をとるわけじゃないけど、進んでいった。今は政府が音頭をとって事業承継、事業承継と言って、廃業しないようにせざるを得ない。

竹中：産業化となると設備が大がかりになりますし、人材も多く要りますよね。だけど今は昔と違って、小さくても生き残れる時代だと思ってます。主人は社長になる時に、「歴史あるマルキョーやけど、僕は起業したつもりや。僕のやり方、考え方で、まだ1年目の会社と思ってやりながら次につなげる」と宣言。私はその言葉に衝撃を受け感動しました。歴史の重みはプレッシャーやけど、それを怖がる必要もないのかな、目の前に一生懸命でいいのかな、と思いました。

小松：そういう伝統を守る部分と、伝統を壊していく部分と、そのバランス感覚がちゃんとあるということですよ。

竹中：今の時代、すごくバランス感覚がいると思います。幸せを感じるのにも本当に必要。

小松：会社を維持するのはほんと難しい。お酒、醤油、味噌というものは百年企業、二百年企業として残っている。だけど、その前の時代を担っていた機帆船の時代の内航海運や木材加工は、ほとんど形をなくしている。その中できちっと変わってきたところ、フタガミなんかは木材会社でありながら、大企業、量販店になった。

高知は物流コストがかかるので、競合するようなのはやらん。人がやってるのを真似したら負けるので、人がやらんような分野で生き残る。それは先人の知恵じゃないかなと思う。須崎でも、土佐龍は国内でヒノキのまな板No1、竹虎はユニークな虎斑竹の商品をたくさん出している。小さいけど、全国どこにもないような独特なものをつくっている。組み合わせでいろんな売れる商品をつくるのもチャレンジで、新たな血を引き入れて商品開発をやっている姿はやっぱり面白い。そういうふうに少しずつ変わっていく、伝統を残しながら。梅原晴雲堂さんとコラボしたマルキョーさんの醤油カステラだって新しいもの。今あるものの中で自分たちに何ができるか、従来のドメインの周辺でチャレンジしている。それが何なのかというのは、経営者のみなさんがどういうふうに考えていくかによるのです。

竹中：振り返ると一瞬で変わったように見えるけど、その現場は少しずつしか変わらないだろうな、と思ってます。

小松：セブンイレブンで売っているおにぎりの味は、1月と12月では違う。お客さんにはわからないけど、絶えず研究開発して飽きられない商品になっている。経営者の心、考え方として大事なこと。要は、お客さんにとったら自然なんやけど、変わってる。

竹中：守るために変わる、みたいな。マルキョーの醤油の味も「いつもの味」でいるのは本当に難しい。時代的に「甘い方がいい」みたいになっていたり、同じレシピでも、季節や気温、湿度、さまざまな条件によって同じ仕上がりにもっていくのは本当に技術も必要。同じ商品名で同じ価格で売るために、いろんな工夫はしています。

醤油って日本の伝統調味料なのでなくなるとは思わないけど、醤油と味噌だけ造り続けてうちの蔵は生き残れるとも思ってないです。醤油の業界も分かれてきてるんです。例えば、小豆島にある醤油蔵は、今も木桶で仕込み、手間暇かけて昔のやり方のまま醸造している。変わらないやり方で頑なに蔵を守るのは格好いいです。一方で、大手醤油メーカーのように、効率的に大量生産で速醸し、総合食品会社として醤油以外の加工品までどんどん力を入れているところもある。どちらがいい、という話でもないと思ってます。バランス感覚というか、時代の変化も見ないかんし。

小松：中小企業は、ある一定の確立したものを持っていないと、できない。その思い、その部分を大事にしながら稼ぐということは並大抵の苦労じゃない。僕は失敗した人をいっぱい見てきている。髪の毛は真っ白けになり、血の小便を出し、自殺した人もいる。経営はきちっと儲けることを確立してないといけない。だけど、経営者には経営者の思いとこだわりがあって、文化を守るというのもそう。一方、経営者って取引先や雇用している人がいる。安定供給しないといけないし、毎月給料払わないといけない。それができるかえっていう厳しさがある。その部分をどこでバランスを取ってするかというのは、現場の中にいる人じゃないとわからない。いろんな人たちの意見を聞きはするが、結局は自分たちで判断している。

竹中：やるのは自分たち。やりきれるのかどうか。だから答えは外にあるんじゃなくて、自分たちの中にあるのかな。私はほんと経営者のトップは絶対なれんと思う。私はわーわー言うだけで、主人の苦労とは全く違う。主人は私と違って多方面から客観的に落ち着いて考える人なのですっごい信頼しています。

小松：そうは言いつつ、高知の場合は奥さんがよく支えている。

竹中：そうやといいなぁ。

小松：地域の味覚って、お味噌汁とかお雑煮とかお酒と同じで、地域ごとに違う。そういう地域の味がきちっと地域の中で守られるって大変な苦労やと思う。大手の醤油メーカーは、生醤油を密封した容器に変えた。確かに空気に触れないから変質しなくていい。それはその通りだろうけど、自分たちの中でなにをどういうふうに経営資源を組み合わせたらきちっと地域で生きていけるのか。多くが失敗をするけど、やっぱりいろんな挑戦をしていってほしい。もう一段活性化して、いろんな人を巻き込んでいってほしい。

私たちの活動はたんぽぽの花のような、肩肘張らず、地面ギリギリでいい

小松：2015年（平27）に、「四国女子会」が須崎で開催されましたね。経済産業局の若い女性が事業化をしていたところ、当時、須崎の地域おこし協力隊だった上野伊代さんが始めた事業で、これはいいぞ！と思った。それが須崎発というのは、やっぱり元気な証拠。高知県って男性はだらしないけど、女性がたくましいからもっている地域なんですよ。

竹中：今はなかなか集うことが難しくなったけど、当時よくランチ会をしたりして、なにかイベントがあるとわっと集まってきて盛り上げる女性たちのグループがありまして。私たちは「すさき女子」って呼んでいて、元をたどればブログとかネット上のつながりで、リアルで会う前からネット上で交流して仲良くなったんです。

「まちかどギャラリー」が2014年に「現代地方譚《たん》」という本格的な現代アートのイベントをやるにあたって、町歩きガイドをする企画をやってくれという話があって、そこから「すさき女子」が注目されるようになったと思います。「とさぶし」さんが13号で取り上げてくれたのも大きかったです。すさき女子の存在とか取り組みをロゴつくって発信してきたのも、上野伊代さん。四国女子会は彼女が立ち上げて、代表として外向きに話したり、ほんとうに注目される事業になった感じがします

小松：キーパーソンは？

竹中：最初はyumiminっていうきれいなお姉さんブロガー。旦那さんの仕事で須崎に住むようになって、ブログで須崎を発信する中で県内のおしゃれ女子や発信力のある友達なんかに須崎がいい！というのが伝わって。彼女は文章とか写真も上手でファンがすごいいっぱいいたのでどんどん広がり、ブログやってる須崎の人たちまで一気につながった感じがしました。ブログとかやる人たちって、ポジティブなことを発信して、前向きで楽しい人が多いですし、ノリもいいんです。まちかどギャラリースタッフのホゲットさんも有名ブロガーです。その後は、焼き鳥屋の「鳥よし」の女将の市川かおりちゃんかな。彼女が天真爛漫に声をかけるので。ブロガー会みたいのをやりだしたら、同年代の市の職員さんとかもおったりして、そこからしんじょう君でブレイクした守時《もりとき》くんにつながるラインとかもあった。

小松：その歴史が面白いね。すさき女子っていうグループが生まれたきっかけと、それがこういうふうな存在になる過程がね。

基本的に、女性はいい人が地域に残るんですよ。だから、そういう女性たちにうまく活躍してもらうようにしていかないといけない。四国って基本的に女子が強くて、女性社長比率は徳島が1位。高知もランキング一桁台。大きくなった企業がないように見えるけど、地域に定着して、不甲斐ないお父ちゃんを支えながらやっている人たちが多くいて、それが高知の経済を支えている。だから、そういう人のがんばる姿を応援するのが私たちの仕事。

竹中：やっぱり外の声ってすごい。みなさんの記憶の中に残って「あれはよかった」ってよく言われました。自分たちはあんまりピンときてなくて、ただの騒ぎ友達がわーわーやってただけのような……。

小松：しんじょう君、現代アート、よさこいチーム、須崎の魚といろいろ展開しながら、なんやわからんうちに、相乗効果でうまく地域活性につながったところがあるのかな。

徳島県には女商人塾があるがね。同じような「土佐はちきん同盟」を作って須崎女子会でやってくれたらいい。安芸とか中村にも女子会ができたらいい。高知商工会議所の副会頭にサンライズホテルの女将さんがなっているし、高知銀行の役員に一人、四国銀行も女性部長ができたし、もっともっと女子がたくさんましくやってほしい。

須崎の女子会が成功したのは、いわゆるリーダー型じゃなかったからではないか。どんなふうなマネジメントしているんだろう。あるいはなにもしてないからなのかよくわからないけど、ああいう仕組みは大事にしたい。

竹中：以前は「須崎ってやりゆうことがバラバラでなにやりゆうかわからん」と言われてたけど、いつの間にやら「須崎はおもしろいね、元気やね」って言われるようになりました。思えば、2011年（平23）から移住促進事業をやって2014年（平26）にNPOとなった「暮らすさき」さんの存在はとっても大きいと思う。かつて製紙や木材を扱っていた豪商・三浦邸の歴史的な建物を活用した「まちかどギャラリー」は須崎市の運営でスタートしましたが、今は「暮らすさき」が指定管理者となっています。親子の自然体験イベントを数多くやってきて、移住者支援だけでなく、空き家改修や調査、商店街のゲストハウス運営まで幅広くやっています。立ち上げからの事務局長はすさき女子で敏腕の大崎緑さん。私も子どもが小さいうちはよく参加してまして、今は理事として関わっています。

小松：一番動きやすいのは30代？

竹中：そうかもしれませんね。私は40代になったので「女子は申し訳ない。女史でいくき」っていう感じで腰が重くなってるんですけど。子育て中の世代は、近場で日々楽しみたいし、子連れで町のイベントに行きたいですもん。

小松：やっぱり女子がお父さんをうまくコンロトールして……。

竹中：すさき女子の特徴は〝ゆるさ〟。「須崎が好きと言った時点であたなもすさき女子」っていう本当に軽いノリながです。実は旦那さんに理解があるのかな、みんな上手にフォローしてくれてると思います。

小松：ゆるさ？

竹中：はい。須崎は懐が大きいと思います。民間出身の楠瀬市長が3期目に入りましたが、楠瀬市長に変わった当時から、同世代の活躍が行政内にも民間にも加速した感じです。しんじょう君も生まれたし。

小松：しんじょう君は2016年（平28）にゆるキャラグランプリで一番になるけど、市役所職員だった守時くんがなんといっても戦略家やし彼自身も独特の面白キャラ。須崎はいろんなタイプのプレイヤーが共存して、それが須崎の文化風土のよさじゃない？

竹中：個人のたくましさがあると思います。以前、職業体験に来てくれた中学生が「須崎でがんばる醤油屋さん」と言ってくれたのに感動しました。２０１４年に須崎中学校は「須崎の町を日本一にするＰＲ曲」を作る！と織田哲郎さんに依頼して「すさきがすきさ」っていう歌を作って総務大臣奨励賞を受賞したり、開かれた学校になっている。子どもらがどうなるろうかと、次の代が楽しみ。

　私も小さい企画ですけれど、七夕様にわら馬を作って商店街に飾り付けをするイベントをしています。地域支援企画員で県庁から赴任していた須崎出身の竹本永子《のりこ》さんにすごく助けてもらい、始めてもう10年経ったのですが、いろんな展開があって面白いです。七夕様の行事自体が世代間をつなげる伝統の行事ですし、「わら馬」を飾る風習は須崎独特のもので残したいので、ライフワークでやっていこうと思ってます。

小松：高知は野菜の産地だから、お盆にキュウリとナスを使って七夕をやっていた。これが文化として継続されるようにやっているのはいいですね。それに、女子だからと言って肩肘張ってやっているようにあんまり見えないところがいい。ゆるく、っていうのが……。

竹中：アメーバー的組織と言ってみたり……。

小松：それがこういうふうなカルチャー、ＤＮＡが30年後に花開いていくと、須崎から全県下に開いていくと、高知って面白くなる。

竹中：「地域おこしがんばっちゅうね」と言われたら、「え？　そんなつもりない」って思うことがよくあります。「まちおこし」もしかり。

小松：「まちおこし」とかは、昔から使われている言葉なので私にとっては普通なんだけど、ちょっと違和感がある。それって行政主導、官主導でやっている感じがあって。地域の市民のみなさんが自発的にやっていかないとうまくいかないいんじゃないの？　まちおこしとかは平成の初めから使われていた言葉で、一村一品運動みたいに役場が先頭に立ってがんばって、住民のみなさんを引っ張っていく。そうじゃなくて、今はいろんなところからふつふつ起こってくるようなことが大事。

竹中：昔使われたまちおこしのイメージというか、言葉の色ってありますもんね。ぴったりな言葉が出てきてほしいですね。

小松：ゲリラ豪雨じゃないけど、なんか火山みたいに突然出てくるような。

竹中：草の根運動ともまた違うし、でもそういう感じもあるんですよね。例えるなら「たんぽぽ的に生えていこう」って感じ。

小松：あ、そうかもしれん！　たんぽぽ活動なのかもしれん。

竹中：ちっちゃくて、地面ギリギリに、好きな場所で咲いている。そんなに背が高くなくていい。

小松：昔は統制された、ピラミッド型のまちおこしだった。今はネットワーク型で、誰かがリーダーというよりは、みんながそういうふうに参加していくタイプじゃないかな。

竹中：そこで集まるためのツールもネット上とか、時間も場所も選ばず、ある程度そこで話が固められる。

小松：ネットがそういう社会をつくっているように見えます。

竹中：男の人は、夜に会があるって簡単に家を出ますけど、女の人ってそんな気軽に簡単に家を空けれんじゃないですか。そういうので言うと、ネットはめっちゃ便利。

小松：やっぱり30代が主体になるっていうこと。10年前を思い返すと、ネットを最初に使った人たちじゃないですか。そういう人たちが、うまくネットワークを作っていったのはよくわかる。

竹中：ネットで情報発信もできれば、コミュニケーションを取ったり、いろいろ物事を決めたり、会みたいなことができたり、アポイントも取れるし、仕事の合間でできるのも便利。仕事中でも、ちゃっちゃと返事や連絡ができる。いい時代だと思います。

暮らしの豊かさを大事にする余裕が地域の未来をつくっていく

竹中：30年後の須崎はどうなっているんでしょうね。もしも大きな地震がなかったら、今と変わらず、人もそこそこ減って、けど、須崎が好きな人がいっぱい住んでいるような気がするな。私はずっと住みゆうろうき。

小松：たぶん数十年以内には、南海大地震がある。高速道路から見下ろせる須崎湾の前の大規模ショッピングセンターや老健施設は……。昭和の南海大地震の時はまだ元気だったから再建できた。あの時の人口構成比からすると、今は高齢者が多い。立ち直る力があるのか、それは須崎を愛する人たちがどのくらいいるかにもよる。

竹中：そこは、あると言いたいですね。3・11の後、七夕イベントによってつながりを持てた宮城県の女川町に2012年（平24）に娘を連れて行ったんです。須崎とか久礼に似ちょった。入り組んだ湾があって、同じように駅があり、海からすぐのところに小高い山がある港町。全部が壊滅しちょったけど、女川の人たちの地元愛や復興のパワーをすごく感じました。団結力や発信力もすごくある。そこでまたどんどん外からも注目される。そうなるのは、やっぱり人やなと。

小松：須崎のみなさんが今やっている活動と地元を愛する力が20年後に子どもたちに伝われば、そういう困難に立ち向かっていける。人口は減っていても、やれるようになる。

竹中：人口が減っても、高知出身の人は高知大好きやないですか。それでいいと思っちょって。子どもは外に出てたくさん経験してほしいけど、同時にずっと須崎を好きでいてほしい。困難になった時、試された時、生まれ育った場所が嫌いな大人って、絶対不幸。やっぱり地元が大好きやとか誇りに思うとかいう気持ちがあったら、人はどこでも強いし、幸せになれるんじゃないか。高知は、人間力、じゃないけれど、土地力、みたいな力がすごくある。みんな、そうありたい、って願う気持ちが大きい気がする。

小松：一人ひとりがそういう努力をしているから、須崎のプライドみたいなものが一人ひとりに育ちつつある。それは大事なこと。

竹中：プライドのある生き方、って素敵ですね。私も須崎で輝く人たちを見て育ってきたし、今もたくさん周りにいるので。きれい事や楽しい事ばかりじゃないでしょうけれど、日々楽しそうで充実してる感じがします。私も少しでも近づけたらいいなと思ってますし、お手伝いできることはどんどん関わりたいと思ってます。

小松：そういうプライドを持っている人を見るから、外から人がやってくる。自信がないところに人は行かない。須崎にはそういうDNAがあるし、小さな企業でも変な日本一があって面白い。

竹中：人生を謳歌している感がある。県外から移住した人が、お祭りのステージに酒飲みが乱入した様子を見て、須崎最高！って。須崎に関わる人が増えてきて、Uターンの人も増えてる気がするし、カヌーとか、海洋構想とか、いろんな分野で動きがあるみたい。

小松：昔、高知県の神祭というたら、訳のわからん、誰かわからん人が家に上がり込んで来て一緒に飲んでいる。須崎にはそういうところが残っている。地域コミュニティをどういうふうに形成できるかっていうのは結局、地域力。それは、多種多様な人がいて考え方が違うけれど、ゆるゆるだからまとまっている。これからの時代にはぴったりなんじゃないか。

竹中：同世代の女友だちに共通するのは、ほんと振り返らないということ。前進あるのみ！みんな各々忙しいので、とりあえず決めたらやる。次にこのイベントが来るのでがんばろう、って。老後、老人ホームに入ったら、あの時はこうやったねと話すのが楽しみやねーって時々言いあってます。もう、反省も感想も出し合わず、次へ次へやっちゃいますので。

須崎まつりには「はし拳駕籠《かご》かきレース」という、グループで仮装して、はし拳を打ちながら、負けたら飲まされ商店街を練り歩くという、カオスなイベントがあるがですけど、あれよあれよで早くも3回も出場しちゃいました。参加したらめちゃくちゃ楽しいです。

小松：その地域で生きることとか、自分たちのほんとの暮らしってこれなんだっていうものを、日本経済が低迷していた20年を過ごしながら考えたんじゃない？その中で、より早く行動に移したのが須崎だったのかもしれない。旧三浦邸が一例で、芸術という視点を持ったアートの拠点になっている。他の町にはああいうふうな場所はないんじゃないか。芸術家集団とか感性を持った人が集まると、いろんな化学反応が起きるので絶対に面白い。

竹中：わお！　私もそう思います。ここに経済人とかコンサルタントの方々が来て、これやってみたら？って言われても全然ついていけないけど、普段気づかない価値や視点を表現してくれたり提起してくれる同世代の作家さんとかにはすごく感化されてます。作家さんの滞在制作を軸におく現代地方譚は次は8回目ですが、まちに確かに変化があるように思います。さまざまな場所で活躍している作家さんと須崎で知り合えるなんて、こんな贅沢な話はないです。

小松：アートっていうと暮らしや地域を元気にするのに役立たないように思われるけど、実はアートって大事。そういうふうに感じている人たちがいたということも大事。

竹中：須崎は年配の方の芸術活動やサークルも多い。田舎には展覧会とか絵画を楽しむ機会とかなかったりするけど、須崎はそういうものがちゃんとあることに感動する。暮らしの豊かさを大事にする先人が多かったんでしょうね。私のおばあちゃんもそういう文化的な活動がすごく好きだったので、私もそうなりたいなって思う。

小松：経済合理性だけ考えると、地域は生き残れない。違う価値観を大事にしてきたのがよかったんじゃない？　そういうのを見ていると、アートに触発されて、醤油で何かができるかもしれない。今はまったく頭の中にないかもしれないけど、違う何かが生まれてくるかもしれない。それがアートの良さ。

竹中：新しいモノを生み出すことや、ストイックなやる気を持ち続けることって、エネルギーや努力の賜物で、本当に尊くて、素晴らしいこと。須崎からそういう力強いものを発信する――それは未来への力であり希望ですし、そうなりたい、と思いました。

生き抜くポイント3

地域を知り、地域を愛し、地域の仲間を巻き込んでいく

条件不利地における企業のとるべき事業戦略は、その地域で事業活動を行うことに優位性を知ることです。どこに強みの源泉を求めるのかを理解し、スタッフや仲間に働きかけ、行動してもらわなければなりません。

さらに、小規模企業のような限られた経営資源の下では、地域の特徴を知り、人々を知り、地域の仲間に支えられることがより重要になります。

経営とは、異なる考え方のスタッフや関係者の思いを同じベクトルに向けさせ、動いてもらうことです。普通の経営者はスタッフに物事を伝えるだけですが、偉大な経営者はスタッフや関係者の心を動かすといわれます。そのためには、人としての魅力が経営者には大事なのです。そうでないと、人々を巻き込んでいけません。

時代を先読みし変わり続ける―

自立と自己責任の熱い思いで社員の幸福を実現し、独立に導く

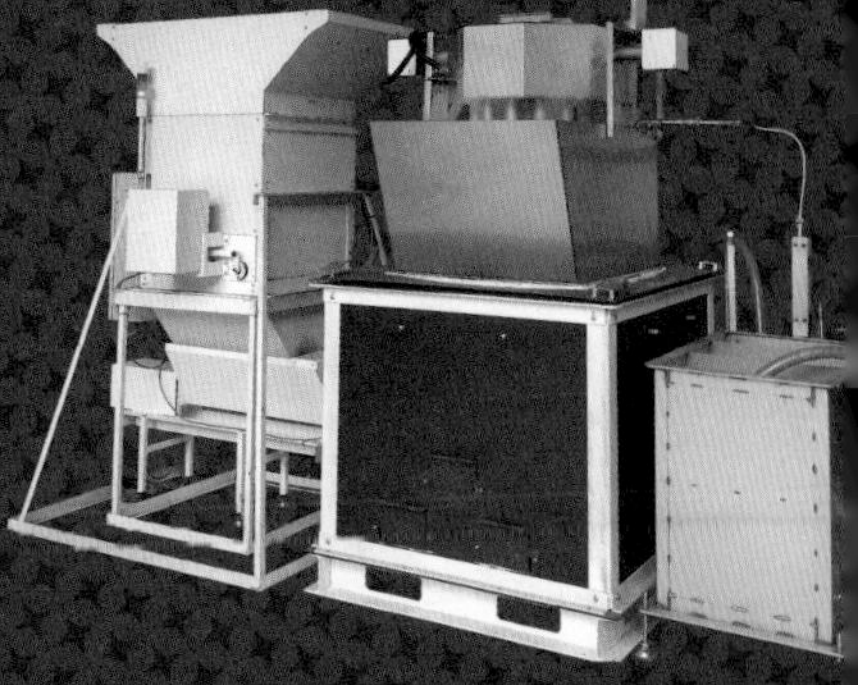

ヒノキチップ焚き蒸発乾燥機

中山 博之

株式会社栄光工業代表取締役社長

1941年生まれ、5歳まで満州で育つ。土佐高校、亜細亜大学卒業後、淀川製鋼所で薫陶を受ける。帰高後民間を経て、1980年に39歳で栄光工業を創業。戦中・戦後の体験、大学の野球部体験を背景に、常に「攻め」の精神で規模を拡大、社員の幸せを追求し続ける。

製造業を起こす時は、ものづくりから入り、一つ一つ増やし、セットで販売する

小松：栄光工業が創業したのはここじゃなくて大津でしたね、ちっちゃな工場でした。ここ南国に移ったきっかけは？

中山：1980年（昭55）に3人で創業して、大津の仮工場で1年間やった。ここへ移ってきたのが翌年の10月。その時、従業員は7人やった。

手狭でもあり自分の工場を建てたくて土地を探していたところ、たまたまこの近くを親父と通りかかった時「ちょっと寄っていこう」って言うので立ち寄ったわけ。そこはサインボトリングという水を作る会社で、その理事長の藤崎さんは親父の知り合いだった。そしたら、「会社がダメになって土地が空く、買うてくれ」と言うわけよ。後で、そのことを県に相談したら、ある人が「まずサインボトリングの株主になれ。それで、そこの機械をメンテする会社としてやってる議事録を作ってこい」とアドバイス。そうやって認められ、県から立地資金5000万円を借りることができ、土地を買うことができた。

小松：なぜ製造業だったのですか。なぜこういう分野を選んだのですか。

中山：大学を卒業する時に、自分でできる職業を書き出してみた。まず官庁が大嫌いだった、言われたことをやるだけやないか、と。かといって、家や車を売りに行くセールスマン

もできん。もし学校の先生になったら暴力教師になる……。残ったのが製造業。物づくりだったら辛抱できると思って、淀川製鋼所に入りました。

ヨドコウという会社は、ホットコイルを仕入れてきて、それを薄く圧延するメーカーです。電炉はあるが高炉はありません。今では台湾にも工場を出したりしていろいろやっているけど、高炉がなくてもあそこまでやれる。ヨドコウと日本一を争った川崎製鉄（現ＪＦＥスチール）などは合併したが、ヨドコウは合併問題が出てこない。それこそ自立なんですよ。

ヨドコウはホットコイルを圧延して２ベーク２コートの色を塗って、カラートタンで日本一になりました。だから社長は、「カラートタンを作っとったらええ、要らんことするな」と言っていた。ところが息子さんは、専務で私らの上司だったんですが、「そうじゃない。カラートタンだけ作っとったって絶対よくならない」と言う。それが昭和40年です。当時、国民に家を持たせるという国策が出てきたでしょ。それに合わせてばっと世の中に出てきた住宅会社が、積水ハウスやミサワホームであり、大和ハウスだった。そんな時に、専務が「建材をやる」と言いだした。日本一のカラートタンで建材を作って売り込みに行こう、と。つまり、そうやって付加価値を上げるというわけです。

私もそのメンバーになった。それまで、私はホーロー工場で外装パネルと風呂を作っていたので、お風呂には詳しかった。お風呂をやるということはどういうことかといえば、お風呂単体だけじゃなくて、風呂蓋が要る、沸かす燃料も要る、バランス釜であり、都市ガス用であり、プロパン用であり、それに換気装置も要る。そういうものをヨドコウは順次、開発していき、のちに丸ごとセットにしてユニットバスにした。そういうやり方の薫陶を受けたわけよ。ヨドコウで習った経営の基本が、そのまま栄光工業に生きているんです。

つまり、風呂をやったら、風呂蓋、沸かす燃料、換気装置ときて、それらがセットになる。そういうふうに一つ一つ増やしていくのが経営なのだ、ということです。だから、栄光工業を起こす時には物づくりから入らないといかん、と考えた。設計からやるか、物づくりから始めるか迷ったけど、設計から入ったら会社は絶対に太らん、それは最後の目標に置いといてまずは物づくりから入っていこう、と思った。

その物づくりにしても、板金と機械加工がある。なぜ板金を選んだかというと、板金というのは広い工場が要る。物が大きくて空気を運ぶような感じだから、皆がやりたがらない。機械加工屋さんのほうはいっぱいある。それで私はあえて、人がやらん板金を始めた。もう一つ決めたのは、必ず10業種をやるということ。なぜかというと、景気がダウンした時の落ち率が業種ごとに違う。一番だめなのが建設機械。波がすごく激しい。ＩＴもやっていたけど、あれも下がった。ところが三浦工業のボイラーなんて、落ちるといっても10％も落ちない。強い。だから、わざといろいろな業種をやっている。

「県外から仕事を取ったらどう?」、子どものアドバイスで県外へ打って出る

小松：ヨドコウにいる時から独立を考えていたのですか?

中山：いや、それが面白い話でね。私は、姉はおるけど栃木県に嫁いでいて、一人息子。ヨドコウにいる時に結婚すると、「高知に戻って来てくれ」とおふくろに泣かれた。あんまり泣くので、しゃーないと思ってヨドコウを辞めることにした。就業規則には辞表を出して1か月したら辞められるとあったので、先に女房が高知に帰って南国市の商工会の仕事が決まった。

そのあと辞表を出したら、「お前は辞めさせせん」と言う。やむなく大阪に残ったものの、大阪の女房が高知におり高知の私が大阪におる、これはいかんということで、ちょうど1年経った日に親父がヨドコウの社長に会いに来た。「別居して1年、義理を果たした。もう辞めさせてくれ」と。そしたら、その場で「高知県造船という会社に係長出向で帰れ」ということになった。高知県造船はヨドコウの全額出資の子会社だったんです。

小松：それでいったん高知県造船に入った?

中山：入らない。五台山に登って、工場の人が働いているのを遠くに見ながら半日いろいろ考えた。私は船の学校も出とらん、鉄のことしか知らん……。それで家に帰って両親に、

「悪いけど県造船へは行かん、私の人生に船はない」と宣言。そしたら「あんたが嫌やったら行かなくてええわね」ときたので、しばらく失業保険をもらうことにした。あの時、ヨドコウから横滑りで県造船に行っていたら栄光工業という会社は出来てない。あの時に自分の人生が決まった。

小松：その高知県造船が1975年（昭50）に工場を閉めて、その資産を県に寄付、その基金を元に産業振興センターの前身の中小企業公社に地場の中小企業に対する支援基金ができたんです。

中山：失業保険をもらっているうちに「南国プレス工業という会社がこれからできる」と紹介されて面接に行った。遊んどるわけにいかんから、給料も調べずに会社に入った。そしたら1年で係長になって、課長、次長、部長、統括部長、工場長と毎年出世して、7年目に取締役になった。ところが、その会社が左前になったわけよ。当時は親父も生きていたから、私が3回資金繰りを助けた。でも、そのことを親会社が気に食わない。それで、会社を辞めることにし、「今に見ていろ」と思って栄光工業を作った。独立して同じ物を作って協力したんだけど、それを親会社がまた気に食わんと、私を蹴って仕事を引き上げたんや。

そのあと農機具の仕事をしていたけど、いろいろ事情があってそれも引き上げられて仕事がゼロになった。いよいよ会社をたたむしかない、家も売って借金をおしまいにする覚悟で家族会議をやった。その時、まだ小学校だった子どもが、「お父さん、県外にも友達がおるろう？　県外から仕事を取ったらどう？」と言った。あぁ、そうかな、ということで県外へ打って出ることにした。それが今となっては、ものすごくよかった。

その時の相手の一つが、愛媛県の三浦工業であり、香川県のタダノ、そして徳島県は日本フネンというドアのメーカー、そのサッシをやらせてもらった。その3本柱で、会社を立て直していったんです。

小松：中山社長がいろいろやるから、親会社としては面白くなかったんでしょう。

中山：会社には設備がいるので、小松さんがいた高知県中小企業公社へ頼みに行った。実は後で聞いたけど、潰れかかっとる栄光工業へ貸したら引っかかる。いや、中山は高知県に役に立つ人間だから応援せないかん。意見が割れてもめたけど最終的に支援するという方向で決まった。それで会社がグーッとよくなって、その後も貸与と設備リースの両方で何回も頼みに行ったけど全部通してくれた。それは、中小企業公社は中山をひいきしているという噂が出たほどだった。自分も、県のお金でこの会社ができたと思っている。県がこれだけ力を入れてくれたんだから、私は手本になりたいと思っている。やる気なら、一代でここまでやれるぞ、ということでね。恩返しという気持ちで、県から「やれ」と言われた役職は全部やってきたし、うちが先頭を切ってやって、それを見て私を踏んでもっと上へ行け、それが高知県をよくする土台になるんや、とみんなに言うわけよ。

危機は世の中の変化で起きる――先読みして手を打つ

小松：事業を続けていく間には業績の落ち込みとかいろいろなことがあるもので、会社が潰れる危機が何回もありましたね。テクノ団地（南国テクノ工業団地）で、ゼン機械金属工業という工場を設立した時、高度化資金でやったけど本当に大変で、やばいなという時が何度もありました。そのたびに社長から聞いたのは「度胸」という言葉だった。社長というのは度胸と思いの強さ、これがないと乗り越えられないと思った。

中山：落ち込むというのは、不良債権を出してとか不渡手形をもらってとか、そんなふうに自分がミスするんじゃなくて、世の中の変化で起こる。オイルショックが来たり、バブルが弾けたり、そんなことによって落ち込む。大事なのは、そこの読み方です。

一例を言うと、バブルが弾けた当時、うちは優良企業やった。何億か、金を持ってるわけ。だから、5年経ったら景気が回復するとすれば毎月1000万円足らんとしても大丈夫、と経営者は読むわけよ。ところが失われた20年で、うまいこといかず、お金がどんどん減っていく。あの時代は金利が9パーセントやったから、お金を借りたら金利を払うだけになる。だから、できるだけ自己資金で逃れようとする。

しかし、いよいよ回らなくなって銀行に相談に行くと、「お金は貸さん」と言うわけよ。

銀行から見たら、会社の将来性がないということ。そこで我々はまた、仕事の中身を変えていく。すると、取引先も変わる。それで会社が変わっていくわけや。

小松：世の中の変化で経営が落ち込むのをやむをえないと考えず、変化に合わせて仕事の中身を変えていった。

中山：会社の浮き沈みを世の中のせいにしたらいかん。やむをえないで終わらせず、経営は先読みしなくてはいかん。うちも創業40年になるけど、最初の30年間というのは浮き沈みがあって、ものすごく苦労した。でも、それを基礎にして、この10年間は黒字を出し続けている。

なぜ儲かったかというと、それまでの部品加工屋から脱却して完成品をやり、付加価値を付けていったから。はじめは板金専門だった職種も、板金に付加価値を加えるために塗装を始め、機械加工を始めて、そして設計を始めた。その過程で、25社も仕事の受注を断りに行った。たとえば日本フネン、うちはドアのサッシをやっていたが、もともと材料比率が高かった。材料比率が高いということは付加価値が低いということや。だから、そこの仕事をやめた。そしたら「仕事くれ、仕事くれと言っといて、今度は断りに来るんか」と怒られた。県へ文句を言いにいった会社もある、「高知県はどうなってるんや」ってね。

県からもいろいろ言われた。それで、やり始めた完成品がずらっと並んでいる時に、県の人にも見に来てもらった。それを見て、うちはこう変わるんやと、皆がわかってくれた。

会社の30周年の時に設計開発を立ち上げ、今年で11年目となり、人員も14名になり、今は20人態勢を目指している。25社もやめたのに利益がどんと出た。10年前に立ち上げた設計部隊の成果が、いま出てきたということ、そういう会社に変わることができたということなんです。

悪いものに引っかかったら、すぐ捨てて次に切り替えないといかん。やめるということが先読みや。もちろん、その時に次の手が考えられてないといけない。考えられているから、やめることができるんだから。

小松：次の手はいつ浮かぶ？　どうやって考える？

中山：それは情報ですよ。小松さんとか、私なりの人脈とかから情報をもらう、あるいは本を読む。そしたら、ひらめくものがあるからね。経営で一番大事なのは、気づき。気がつかんというのが一番いかん。しかも、気がついただけでもダメ。気がついたら実行しなくてはいけない。そして実行したら成果の検証をする。成果を検証して、反省を入れて、次は何をするのかという、このサイクルの繰り返し。世の中は勝手に変化する。それを自分が先読みしてどんどん手を打っていくことが大事。それができる社長じゃなかったら、一下請けで終わっちゃうわけや。

もう一つだけ大事なことを言う、〝寝たら負ける〟。

小松：寝なかったら死んでしまいますよ。

中山：そうや、だから〝寝たら負ける、寝なかったら死ぬ〟、それが自立と自己責任ということ。私の方針は、自立と自己責任、スピードと継続、これが徹底していること。気がついたら、さっとやれ。やったら継続しろ。ただし、継続は修正しながらやる。経営は、これ。

従業員を大事にしていくのが会社を継続していくのに一番大事

小松：高知県中小企業公社は、創業したばかりの栄光工業の設備対応資金を出しましたが、その後、下請け斡旋を受け成長していきました。それは、斡旋して県外の仕事を中心に仕事を取ってきて、対応する設備を入れて、というもの。会社はそこでちょっと背伸びして体力をつけていった。そして、どんどん高度な部品ができていくようになった。最初は小さな部品やったけど、今は三菱重工業のラインとか、いろんな最終商品ができてくるようになった。それは、中山社長に戦略がきちっとあって、そういうものを選んできたからこそなった。しかも、社長がトップセールスで相手のところに行く。そんな日ごろの姿を見ていると、みんな応援したくなります。

中山：相手とは深く付き合うこと、心から付き合うことが大事なんです。何十年も裏切りのない付き合いをする。例えば県の担当の人は変わっていくんだけど、いる間の2年なり3年なりは心いっぱいのお付き合いをする。そうすることで、新しい情報ももらえるし、みんなが応援してくれる。栄光工業を育てることが高知県の発展につながるんだ、ということになっていかないといかん。

だから、栄光工業を中核企業に育てたのはあなたたちなんですよ、私が偉かったんじゃなくて育てないかんという気持ちを持った人がいっぱいおったからですよ、と思っている。中山は嫌いとなったら誰も情報もくれんでしょうが。

小松： 取引先がどんどん高度化していって、レベルが上がっていく。その分、多少無理もあったんだけどチャレンジしていき、テクノ団地へ出て行って、高度化資金も入れた。

中山： どうしたらこういう企業になるのかと聞かれたら、先読みをするからだ、と答えます。設備も時代の少し先を見据えて、ちょっと値段の高いものを入れる。先読みをしながら投資をしていく。そして、成果を検証して次につなげる。そのサイクルを回す。

例えば、うちは資本金が５０００万円なんです。ほとんどが家族の持ち株だけど、一回も配当したことがない。配当を取ると、全部私や私の家族のものになる。だから、スタートした時から私は配当は取らんと言った。自分の給料で充分や、配当分は全部会社にぶち込め、というやり方を40年間してきた。

うちは会社の試算表が主任以上にオープンで、40名ぐらいに毎月配っている。要するに、会社はどうなっているか、借金なんぼあんねん、資産なんぼあんねん、そういうことが従業員にわかるようにしている。隠すことはない。見える化って一番大事だろ、というのが私の考え方です。

小松：役員報酬を従業員に見せるだけでなく、栄光工業には従業員への人材育成投資があるんです。さらに栄光工業の所得分配率は他の県内企業に比べると、ものすごくいい。こうあるべきだという模範だった。

中山：経営は、どういう会社を作り、最後にどこに行きたいのか、一番初めから明確じゃないといかん。そこで一番大事な目的は、やっぱり社員の幸福。でも、それだけでは経営はできないし、社員の幸福を一番に持ってきてしまうと「自分だけよかったらええ」みたいになる。まずは取引先への感謝です、それが繁栄の元だから。そして、利益を出したら地域社会へ貢献をしていく。そして、社員に利益を還元して、大入り袋をたくさん出す。経営の基本はそういうことです。従業員を大事にしていくのが、会社を継続していくのに一番大事だということです。

他がやってない独自のものを作って外貨を稼ぐ

小松：高知県の製造業全体を見渡してみると、やっぱり造船が大きかった。高知県造船、今井造船、来島どっく、そういうのがあった。また、南国市の鈴江農機と協和農機があった。高知県では精度勝負でなく多少粗くてもいいというものが建機になり、そういうものを作る板金とかは南国市にあるような産業群をつくっている。

中山：わかりやすく言うと、高知県にある製造業は3つ。まずは山、林業関連。そして農業関連。それから船、海関連。

それで一番初めにダメになったのは林業だった。木を切って、それを運ぶという産業が盛んだったけどダメになった。次にダメになったのが農業。農機具メーカーの鈴江農機が潰れた、協和農機は合併した。海はというと、どんどん造船がダメになって県造船も終わった。3つともかつての栄光を失って、高知県の製造業は落ち込んだわけです。そうした会社が潰れた時に、たとえば鈴江農機におった技術屋さんが地域に散らばって新しい会社を興してきた。そして裾野が広がってきたのが現状なんです。

小松：そういう流れがあるから、こんな田舎に工作機械メーカーがあるという、すごく珍しいことになった。技術を引き継ぎながら、次の挑戦をしている。例えば、山崎技研のフライス盤なんか何十年ずーっと置いていても壊れないくらい堅牢なので、儲けの中心は水産事業に移ってきている。

中山：そのように、時代とともに変化していくわけや。ある会社は厚ものの20㎜が得意で、うちは薄ものの1㎜が得意。うちは精度の厳しいものをやろうという会社で、売り上げではなく、できるだけ付加価値を伸ばすという主義。だから一台が4000万〜5000万円もするような機械を造るんじゃなくて、OEMで大体2000万〜3000万円の間の機械を造っている。重さも軽い、11トン車でも載る。

うちが、なんで取引先として上場会社を追いかけているかというと、現金をくれるから。確かに上場企業は単価も厳しい。でも上場企業には、中小企業、零細企業に現金を払えという国の指導が入っていますから、現金をくれる。そうすると、銀行の当座にどんどんお金が積み上がっていく。私の感覚では、手形を振っているうちは一流企業と言わん。

小松：高知県の地域経済のＧＤＰの構成でいうと、農業が４％、製造業が10何％、建設業が10％で、三次産業が７割ぐらい。運輸業があるけど、それは農産物やものづくりの製品を運ぶからある。だけど、地域経済を引っ張っているわけじゃない。地域経済のトリガーというか、引き金を引く産業は何かというと、他県からお金を稼ぐ産業です。つまり外貨、外貨を稼ぐ産業こそが地域経済を引っ張る産業です。他県から財を稼ぐのは、観光もあるけど、農林水産業でありものづくり産業みたいなものになっていく。

高知県は、他県と差別化できるような産業、他の県がやってないような、他の県と競争できるようなものをやらないと、なかなか外貨を稼げない。同じ鉄工の中でも、他の県がやらんような機械加工をやらんとしょうがない。輸送コストは高いとかいろんな問題はあるけど、人の嫌がるようなものをやっていく中で信頼を勝ち得て、いろんな形で変わっていくというやり方しかない。

中山：高知の下請けには、他県が受けたものが一杯になってあふれ出さないと仕事がこない。不況になれば一番先に引き上げられる、そういう県なの、だから独自のものが要る。機械加工でも、ほとんど県外の仕事をしている。上場会社の立派な難しい仕事をしているところもある、そういうところは間違いなく生き残っていける。しかし、ただの加工をしているところは、人が集まりにくくなるだろうし、厳しくなる。

小松：高知県人は工夫を凝らしたものづくりにはすごく力を発揮しているし、素質を持っている。

中山：その通り。ただ、そこで長続きするかどうかが問題。燃えるけどすぐ冷める。なかなか長続きしない。だけど、私は長続きできるんです。粘り強くやる。それは多分、子どもの頃の苦労が礎になっているんでしょうね。

私は子どもの頃、中国の満州で育ったんです。戦争に負けて、親父がソ連に抑留された。だから、おふくろが私と姉を連れて、歩いて今の北朝鮮のチンナンポ（鎮南浦）というところを通って日本に帰ってきたんです。いろいろな場面でお金を払うて払うてしてきたから〝大地の子〟にならずにすんだけど、日本に着いた時にはお金が底をついていた。すっからかんだから、貧乏した。当時はみんな貧乏やったけど、その中でも貧乏やった。親父は1年かけて日本に帰ってきたけど、仕事には就けなかった。でも、何かせんと生きていけんから、親父が作った密造酒を私が城見町の路地裏で売っていた。そんな子ども時代を過ごしてきたんです。

若い世代には「独立しろ!」「社長をやれ!」と言いたい

小松：そうした根性や粘り強さみたいなものを若い世代に引き継いでいくのも課題。ただ、若者たちには製造業はきついというイメージがあります。高校生や専門学校生、あるいは大学生を呼び込むにはどんなことをしたらいいでしょうか。

中山：まずは、働き方改革みたいな法律を守るということから始めないかん。我々は高知県の手本になっていこうとしているわけで、栄光工業ではちゃんと法律を守り、皆が楽しく働いている、そんな会社づくりをしているというのを、アピールすることです。

うちの場合は、その1つが動画。「これ何の会社や?」って、みんなが言うぐらい変わった動画を作っている。それから、EMIE（エミー）っていう社内報を発行しよる。これは3分間で読めるように工夫して、できるだけ写真やイラストで構成してある。

小松：その新聞は、いろんな取引先とか県にも回しています。そういうPRメッセージをきちんと出して、情報発信をしなくてはいけない。高知県の企業は、どんなことをやっているかということを外に出すメッセージ力が弱い。

中山：それと、10年ぐらい前に私がやったのは、高専の子をバスで迎えに行って工場を生徒に見せ、そして食事を出した。1500円の弁当。レストランと提携して、お弁当を発注するからバスを出してくれと頼んだ。それを県が見て、それは県がやる仕事、中山がやる仕事とちゃうって言って、今では県がやってくれている。そんな走りは、みんな私がやった。

小松：もともと県内の工業高校とか高専とかの優秀な卒業生は、みんなトヨタなどの有名企業に行って、ほとんど県内企業に就くことがなかった。高校の先生方も、県内の製造業なんて大したことないと言っていた。そんな中でも栄光工業は成長していく。中山社長は工業会の人材対策委員会もやっていましたね。その時のメッセージは、「県外に行って帰ってきた人よりも、県内にいた人のほうがこんなに偉くなっているんだぞ。これ、どっちがいい？高知でやったほうがいいだろう」というような言い方だった。

中山社長のやることとは、とにかくユニークで面白い。そして、〝高知に栄光工業あり〟というふうに、すごくいい会社だと言われるようになりたいという思いがある。ずっと昔からそういう思いで挑戦している。そのことへの共感が、県の支援につながるのだと思います。

栄光工業が他と違うのは、単純な作業は24時間のロボットにやらせたり、女性も積極的に採っていたりする。さらに、新基軸として移住やUターンで帰ってきた人を独立職人として受け入れるような仕組みを作ったりして、人を採用することについて、いろんなチャレンジをしている。

中山：現在、ベトナム人を9名採用している。極端な言い方したら、毎年4人ずつ入れて、5年後には20人ぐらいベトナム人がおる会社になる。いずれ国に帰るのか日本に残るのか、まだわからんけど、名古屋なんかはブラジル人が国から家族を呼んでることも多いよね。うちもあんなふうになったらいいなと思う。

みんな初めは片言だけど、日に日に上手になりますよ。中国人が5人来た時も初めは言葉が心配やった。ところが彼らは優秀で、すぐ覚える。一人とくに優秀なのがいて、「こんな人がいるけど、どう?」って三浦工業に話したら、会いたいということになって面接したら採用された。彼は栄光工業に来た時、私に「社長、50万円貸してくれ」って言ってきた。何するんやって言うたら、「親の家を先に建てたい」って言う。私はその気持ちに感動して、すぐ貸した。その彼は今では三浦工業の蘇州工場の部長で、高給取りになっている。

小松：たとえば終戦後、社長が創業した頃に比べると、現在はなかなか起業しにくい時代になっている。

中山：栄光工業では社内起業制度をやっていて、このことは日本経済新聞にも高知新聞へも大きく取り上げられました。その制度は、私が社員に「独立しないか」と声をかけ、自己資金ゼロで独立する。自分が代表になった会社だと、朝も早くから、土曜も日曜ものすごい働く。サラリーマンだった時は働かんかったくせに、人間が変わるわけ。もちろん、反対もあったよ。理由の一つは、彼らは本気でやるのかという心配。もう一つは、やはり品質の問題。100点満点以上の品質じゃなきゃいかんから、それはずーっと指導していった。そして、今や立派にやっている。

だから今は、彼らには5年経ったら自立するように言っている。栄光工業にいる間に、土地代や工場建築費、何人の従業員が必要で、それにかかる人件費はいくらかなどを勉強すればいい。その代わり、独立した時にはうちの仕事を半分やってくれ、と。そうやって出来た会社が10社になった。今では彼らがいなかったら栄光工業は回らん。これも先読みですよ。

小松：チームの中から人がどんどん独立していって、いろんな会社ができてくることが、ものづくりをしていく中で大事なことやと思う。県も創業支援策としていろんな経営学を教えていってるんだけど、こういうことをやってるということもあまり気づいてない。社員として生きるのもいいけど、企業を起こして自分でやってみるってことが大事。そのためのルートが、ここにあるんです。

中山：若い世代には「社長をやれ！」と言いたい。「やりたい」と思ったら、実際にやってみたらいい。それを高知県全体にどうつなげていくか、その先兵が小松さんなんですよ。

社員の人生を一日一日充実させること、その時間を大切にすることが社長の仕事

小松：あらためてうかがいますが、社長に必要な条件というのは何でしょう。

中山：私の座右の銘は「頑張る心」です。人に言われて頑張るんじゃなくて、私が必ずやり切ります、の精神。粘り強く、あきらめず、辛抱強いこと。それを、夢のある会社を作り上

げる、幸せを勝ち取ることにつなげていかないかんのじゃないですか。

そして、社長にはセンスが要る、才覚と度胸と勇気と思いやり。もう一つ大事なのは、感性や。感性は気づきになる。そして頼れるリーダーというのは、目的意識が明確な人。誠実であること、実行力があること。実行するためには、思考を深く深くし、気づきは広く広く、信念は強く強くないといけない。

もちろん経営は、売る、作る、開発する、そして財務と管理、この5つができなきゃならん。これをちゃんとできる人が、社長業を務められる人。栄光工業の基本理念、自立と自己責任——私はこれに言い尽くされていると思う。

もう一つ、大事なことを言う。小さな成功に満足せず、よく外を見ろということ。会社経営を成功に導いていくには外の人と連携が大事なんです。栄光工業も地域の企業として、南国市、そして高知高専、高知工科大学などと協力しながらやってきて、ここまで来れたということがあります。外との連携や協力をどう作り上げていくのか、これが会社を左右するし、すべてと言っていいほど。そのためには、社外の幅広い人とお付き合いをする。ただ、

栄光工業の４つの柱

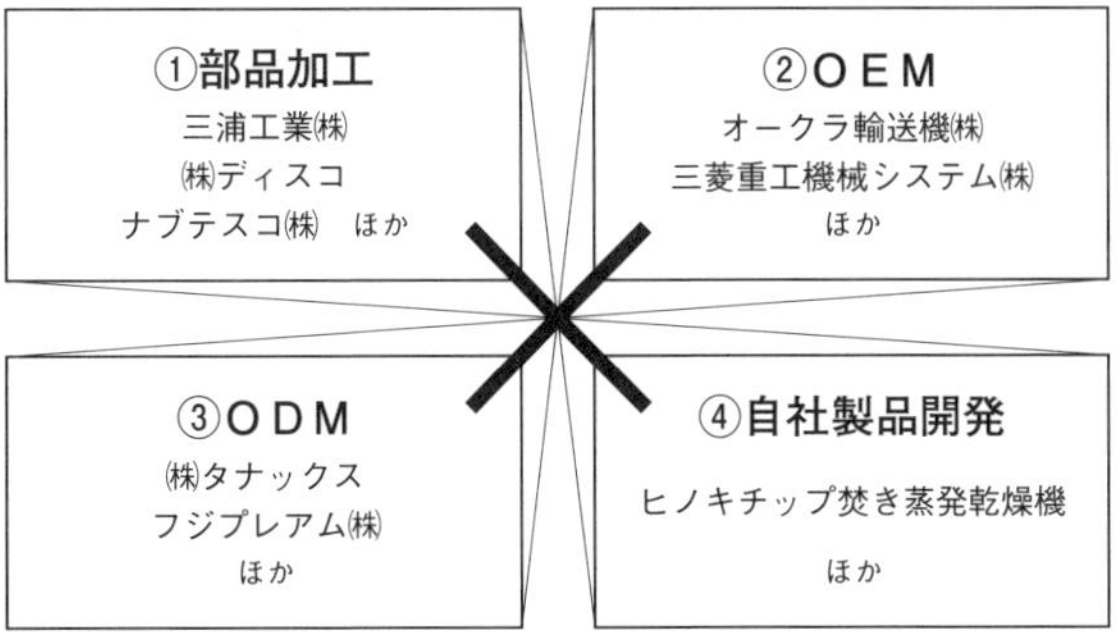

どういう人とお付き合いをするのか、選ぶのは自分なんです。そこで大事なことは、恩義を忘れない人であること。小松さんと、これだけ深く何十年も長く付き合えるというのは、お互いに恩義を重んじてきたから。

小松：僕だけじゃない。栄光工業が3人だった頃からみんなで助け合いながら育ってきた。それは社長の人間性のよさがあったからだと思う。だから、「私の」というより「我々の」という言い方、県の企業支援スキームの仕組みがもっとも効果的にうまく成功したのが栄光工業だった。

中山：経営には波があるもんやけど、それを乗り越えてやってきた。乗り越えるたびに利口にもなった。苦労しながら、人を裏切らないとか、筋を通すとか、人として大事なことも学んだ。誰かが手本にならなきゃいけないと思っていたから、私が手本になって次の世代に渡していくことを考えてきた。ただ、一人でやったわけじゃない。いろんな人に助けてもらいながら今日がある。やっぱり、人との付き合いが大事。1×1＝ずうっと1。でも、能力や人脈が「5」の人と付き合えば1×5になるし、自分も頑張り、学んで伸びれば「5」になって、それがドッキングすれば5×5になり25倍になる。この掛け算が会社を脱皮させるエネルギーになり、その繰り返しで会社は強くなり、高知県に貢献する力になっていくのです。

小松：いつかは世代交代でバトンタッチしなくちゃいけない。

中山：今は100年存続する企業づくりって言われる。そこで、うちも若手で会を作った。私ら年寄りではなく、30代のメンバーだけ各工場から10人集めて、10年か20年後にどんな会社にしたいかという会議をやっている。目指すところは、やっぱりこれですよ。だから、将来的に会社は何を造ってもいい、どんどん変えていかないかん。そこが大事。

製造業の面白さは、完成品をやっていると1か月くらいで造っている物が見えてくる。それが出来上がって、11トン車に積んで、伝票1枚持って車が出ていくのを見る時の、あの感激っていうのは、やったものにしかわからん。もう、ほんと胸がどきどきするよ。こんなことがうちの会社でできるのや、という感動。それは何度やっても変わらん。この面白さや感動は年齢ではないと思う。

苦しい時にも頑張り切れた、挫折を乗り越えられたのは、「こうありたい」という思いの強さです。基本理念が支えです。私が頑張ることによって地域も社員もよくなる。私がなぜ頑張るのか？　それは、社員に対して返せないものが一つあるからです。お金は返せる。大入り袋を出したらいい。心は言葉で返せる。だけど、どうやっても返せないものがある。それは、時間です。栄光工業のために、私のために尽くしてくれた社員の時間だけは返せんわけや。誰も死ぬと思って働きはしないけれど、時間が経つと間違いなく死に近づいていく。ここがものすごい大事なんです。時間というものを、我々は無駄に使ってることが多い。だからこそ、一日一日が充実した人生であるようにしてあげるのが大事で、それが社長の仕事なのです。これは若い人が社長になっても同じです。

生き抜くポイント④

自社の商品だけではなく、社長のスピリッツ、ストーリーも「商品」である

地域の元気な中小企業を見て思うのは、確かに「商品」には優位性というか個性があると同時に、その経営者の歩んできた道が冒険小説のように面白いということがあります。いろんな難事件に遭いながらも、それまでの失敗を活かし、経営者の思いとスタッフや関係者の支えにより乗り越えてきたストーリーがあるのです。

このような企業の多くはトップ営業を通して成長しています。商談の場面で、こうした社長がその思いを熱く伝え、担当者の心を落としていることが分かります。まさに、社長の歩みも「商品」としている姿がそこにあるのです。そのやり方は、農産品の販売において生産者が自らの顔が分かるようにしているかのようでもあります。社長の持つ「熱」が、人間的な魅力となって、取引先を応援団にしてしまう力になるのです。

紙の命は短い、だから革新が続く——

「土佐」とは異質な血が流れる製紙業界で、“革新”という生命力を引き継いでいく

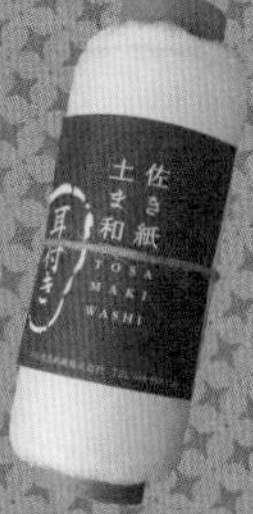

土佐まき和紙 耳付き
1,000円（税別）

活版カレンダ2021 みみつき
1,000円（税別）

土居 晶子

内外典具帖紙株式会社代表取締役社長

1953年、いの町生まれ。手すき和紙の製造・販売の世界の中で育ち、和紙のちり紙をポケットに入れ、紙粉だらけの制服で通った小中高の学校時代を過ごす。短大英語科を卒業後の1975年に家業を継ぎ、2018年から代表取締役社長に。

岡 恭子

内外典具帖紙株式会社代表取締役会長

1950年、いの町神谷の濵田家の長女として生まれる。高知学芸高校から東京の大学を卒業後帰高し、銀行に就職。銀行ではさまざまな担当に就くが1989年に退職し、内外典具帖紙㈱に入社。2010年から代表取締役社長、現在は会長に。

手漉き和紙の里へ機械式が入ってきた

土居：うちで取り扱っている和紙は短網《たんあみ》という製法で作っています。和紙を漉《す》くのが短網で、洋紙はもっと長い長網《ながあみ》です。

小松：土佐和紙を機械漉きしてるところは県全体で50社弱あるんですが、量産する紙会社に行くと1分間に何キロも漉くがやけど、ここはゆっくり巻きながら手漉き和紙に近いものを漉き上げるんです。こういう短網の手漉き和紙を機械式でやっているところは、日高和紙とか鹿敷製紙とか、この周辺に10社くらいある。

土居：神谷地区は豊富な水があって、一帯は昔から手漉き和紙の里です。コウゾも、すごく良質。昔、朝廷に極薄のチリ紙を納めることができたというのも、やっぱり繊維が長いから。

小松：薄くありながら強くするには繊維の長さが長くないといかん。長い繊維が絡み合って強くなる。旧工場では、煮るところから叩くところまで全部やっていた。

岡：ところが、漉くのは繊維の長さが短い方が楽。繊維が長いとムラができやすく、漉くのが難しいんです。

土居：実は、父・濱田は紙を漉いたことが一度もないんです。濱田という家は漉き子さんを10人くらい雇って、漉く桶を何艘か置いて、やってもらってたんです。で、父は自分のところで漉いた紙だけじゃなく、漉き屋さんからも紙を買っていました。
当初は日本紙業の下請けだったので、「下請けじゃ発展しないから自分たちで売らんといかん」と、先代がみんなを説き伏せて株を持たせ、各自の家で漉いたものを買い取って、自分のところで漉いたものと一緒に卸すようにしたんです。その時は法人ではなく個人営業でした。社名は法人設立の1958年（昭33）、先代が「内外に拡がるように」と思っていたことから内外典具帖紙と付けたようです。

岡：卸す時には、「内外典具帖紙」のロゴマークを貼ってました。親も子もずっと手漉きで漉いていて、それじゃ間に合わなくなって機械式になりました。

小松：製紙の抄紙《しょうし》機械を造るのは高岡さんのところだけだった。その「高岡式」というのは手漉きの作業を機械化したもので、高知県に普及した独特の機械なんです。

土居：今も高岡丑《うし》研究所さんが造ってくれた機械を使っています。そこのおじいさんが中国へ行って、「日本にこういう機械がないといかん」と、手漉きの横ぶりを入れただけの機械を造ったら日本で何十台か売れた。高岡さんのところは1号機で、うちは2号機やったらしい。ずっと手漉きだった会社に機械を入れ、使いだしたのは1969年（昭44）4月でした。

小松：新しい機械で、手で漉いていたのと同じ和紙を作るわけだから、最初はずいぶん苦労したと思います。その時は何を作りよったが？

岡：タイプライター原紙みたいですね。

土居：その機械で、３つか４つの会社が「いの」で一斉にタイプライター原紙を始めたんです。父は交渉も得意でしたが、貿易が好きだったんです。ちょうどタイプライターが繁栄していた時でもあったので、どんどん拡げたいと、日本紙業を介してドイツの商社まで一人で行っていました。

小松：ドイツにドリスラーという商社があって、文化財の修復用として機械漉きの「典具帖紙」の仕入れを一手に引き受けていたのです。

土居：当時の通信手段は電報でして、電報が届いたら電報で返す。とそこまではいいんですけど、先代は英語を書くこともしゃべることもできない。日本紙業の高知工場と広島・大竹工場は安宅《あたか》産業にとってドル箱でして、社長さんが高知工場によくいらしていて、もちろん紙関係には詳しいので、相手がどういうことを要求してるのか、すぐに分かり、電話でさらっとお話しなさった。先代は気持ちがいつも外に向いていて、「他人がやらないことをやりたい」という気持ちをずっと持っていましたので、ご縁をいただいたんだと思います。

岡：外国と直接やっていたのも、直でやることで利益がほしいという思いもあったと思いますが、紙が好きで仕事熱心だったからだと思います。こんなこともありました。ドリスラーが来た時、朝７時には宿泊先に行き着こうとするんです。「どうぞ」と言われて行くと、起きたばっかりでパジャマ姿で出てこられたこともある。早すぎますよね。部屋で朝食を一緒に食べ、話をしやすくして、和気あいあいに商談をする、そんな感じでした。

謄写版全盛の時代を「いの」の紙屋が支えていた

小松：この紙の歴史が面白い。みなさん全部が手漉きの時代、日本紙業にいた高岡丑太郎さんが研究所を創業して抄紙機械を造った。要は、手漉きのものを機械式に変えただけのものだったんですが、それが「いの」の界隈《かいわい》で使われ、いわゆる特殊紙というか、いろんな紙を作ったわけなんです。薄い典具帖紙のようなタイプライター紙もその一つだったんです。

岡：タイプライターの原紙を岐阜の加工工場に送って、ロウを塗ったりとかしてもらっていました。私が20代の頃はメールなんてなかったので、電話でやりとりして、次の次の日に送るという、のんびりしたものでした。

土居：タイプライターの原紙というと分かりにくいかもしれませんが、日本では同じ方法で謄写版原紙が作られていました。

小松：謄写版原紙というのは謄写版用の原紙で、用紙を仕入れて表面にロウを塗工するのをやっていたのがヘイワ原紙さん。原紙を作るところもあれば、ロウを塗るところもある、そういうサプライチェーンが「いの」にはできていたんです。

岡：漉いたものを日本紙業が買い取って、上手な人にはたくさんお金をあげるという競争でした。その時に、電車が通るようになったので、桟橋まで紙を運んで、桟橋からヨーロッパへ行ったそうです。

小松：今でもいの電停のところに日本紙業に入る電車軌道があります。なんで土佐電鉄が「いの」まで電車を通したのかというと、紙を港まで出す必要があったから。最後は日本紙業の会社までレールを敷いた。今でもちょっと残っています。

岡：車庫の手前にありますね。

小松：あれ、歴史遺産なんですよ。

土居：そのタイプライターの原紙の需要がコンピュータにやられ、ある日突然にゼロになりました。先代は「コンピュータにやられるとは思っていなかった」と言っていました。

小松：それが昭和50年代、需要が急激にぱたっと落ちる。

土居：それでも20箱くらい大きな箱で出てたんですけど、10箱になり、1年くらいしたら5箱くらいになり、ガクガクと下がっていきましたね。首を長くして注文を待ってたんですけどなかなか来ない。5年くらいしかもたなかったです。

岡：これがずっと続いちょったら、うちも御殿が建っちょった。昨日あったものが今日はない、それくらい急でした。

土居：突然なくなったんで、みんなそれぞれ一生懸命、得意先を開拓することをしました。

岡：私たちは、それから表具に切り替えました。典具帖紙を漉いてましたらなんでもできます、漉くのが難しいですから。表具は、掛軸や襖の裏張りなども典具帖紙と同じ原料でしたので最高の国内産だったんです。糊も地糊で、生姜みたいなものでずっとやっていました。ところが、表具の紙はふわっとなるような優しい紙は必要ない、裏に水糊で貼った時にぴしっといかなきゃだめなんです。それでそういう紙にだんだんだんだん取って代わっていきました。他に障子紙とかも、当時は日本建築のまだブームでしたので売れました。それも小口だし、商品の命が短くて……。

小松：市場はその辺からどんどん変わってくるんです。生き延びるために、技術を活かして次から次へ、いろんな商品を展開するしかなくなった。

岡：書道半紙なども手がけました。先代は「典具帖紙以外にも趣味手芸のものを作らなくてはだめだ」「趣味手芸のものは、好きな人はどんな高いものでもひとまず買うから絶対に絶えない、一生継続して買っていく、エンドレスだ」と言っていました。

土居：今はこれで売れたっていう経験を活かして次のを考えないといけない時代なんですけど、当時は表具ばかりに集中してましたので、そういう考え方はありませんでしたね。

「問屋を通して販売する」から「自分たちで作って販売する」へ

岡：私は平成元年からここの仕事をしています。母が亡くなったもんだから、代わりに入ったのが始まりです。

土居：私は昭和50年からで、会社の漉くのが上手な人がお年を召して、「これは後が困るな、私がやろうかな」と思ったのがきっかけです。父がお酒が好きなうえ運転ができなかったので、私が運転手になりました。私はこの仕事は嫌いじゃないのですが、昔の人は一つも教えてくれません。見よう見まねで覚えていきました。

岡：2005年（平17）3月のこと、父が倒れました。もともと不整脈があって、父が言うには「来るな」と分かるらしいんです。その日は、原料を煮る工程があったので早く焚きつけておこうと準備し、煮る人が来たので一緒にタバコを一服した時、あれくらいタバコが好きな父がふと吸うのを止めたそうです。8時40分ころ、こっちに歩いて来た時に「あれ、妙に歩き方がおかしいな」と思ったのですが、何かを掴もうとしながら前後に4回揺れ、ダンとセメントへ倒れて後頭部を打ったんです。

土居：救急で国立へ行き、血腫ができていたので取り除いたわけです。もともと病院嫌いな人ですが、血腫も除いて悪いところがないので長くは入院はできない。でも、自宅で一人ではいられない状態ですから、私たちは夜は交代で泊まって介護をしながら工場と家庭を見るという状態が5年3か月続きました。

岡：夜中は起きるし、更年期になるし、こっちが寝られなくて……。でも、彼女は彼女で現場の父が雑談しているのをメモしたり、私は私で晩酌の時に「こういうふうにしたらいい」とか聞いたことをメモしたり、それぞれが別の部門でしてました。

原料を作るビーターの役も全部父がやっていて私は全く現場に立ったことがなく、初めての時はもう必死。と、その時、ガタガタ足が震えたんです。私は「あ、地震だ、みんなに言わないかん」と後ろを向いたら、自分の足が震えていたんだって気づきました。そのくらい緊張しましたね。従来の紙を作るんですが、薬品をどれぐらい入れたらいいのか、何時間叩解《こうかい》したらいいのか、原料の溶け具合はどんなものか。先代がまだ元気な頃、後ろから背中をじっと見て、聞いてみたことがあったんです。薬品は透明なので、「入れているか入れてないかどうやったらわかるの？」と。そしたら、「ねぶってみ」。渋柿のような渋い味でした。「これ、忘れたらどうする？」と言うと、「ねぶってみなさい」とまた言われました。なめてみたらポリ容器にどれくらいの薬品を入れたか確認できる、ということです。

小松：紙を作るのって、原料の調合が重要なんです。パルプを入れたり藁《わら》を入れたり、いろんな紙を作ることに先代は指揮を執っていたんだと思います。

岡：「山茶花《さざんか》」というチリ紙もマニラ麻を入れるというのが父のポイントなんです。自分は現場の経験が短かったし、「どうしてだろう？」と考えてしまう性格なので理由を知りたくて、「どうしてマニラ麻を入れるの？」「どうしてコウゾだけでやらんの？」と聞くと、「光沢が出るから」。なるほど、と思いました。

土居：先代が私たちにどうなってもらいたかったかは分かりません。ただ、本心は継いでもらいたかったんじゃないかと思います。

岡：けど、心配はしていましたね。工場の移転のことは知っていましたし、「どうする？」って聞かれて「どうしようか」と相談しよったら、あれだけ紙が好きだった父が、自分が病気になり心細くなったんでしょうね、「やってもええしやらんでもええ。でもやったら別の苦労がついてくるで」って、そんなことを言われました。

小松：お父さんが素晴らしい経営者だったので、言わば素人の娘さん2人がよく継いだ、その勇気がえらい。でも、急きょ出てきたリリーフみたいな感じやったので大変だったと思います。売り上げが下がっていく中で本当に苦労されていました。

土居：何が父を引っ張っていたかというと、ドイツやと思います。ドイツとやっていたことが自分の力になっていたのではないでしょうか、「内外」ですから。お陰で改めて今、うちは何の特徴があるだろうと考えると、やっぱり外国とやってることかなって思うんです。

小松：遺産とも言える社名のプレートを旧工場から持ってきているんです。その看板は英語で書かれています。やっぱり高知の女性ですね、先代の想いを守って……。

岡：あれは父が考えた看板で、工場のコンクリートの壁に針金で括ってあったものです。立ち退きの時に、高岡丑鉄工所さんで造った機械とともに大事に持ってきました。

土居：あんな小さいの、見えん、もっと大きいの作らんといかん、と言いもしたんですけど。

小松：旧工場の納屋に昔の紙が何本もあったけど、あれも先代の資産ですよ。それは？

岡：持ってきました、38年前の紙です。

土居：これ、変わらずに光ってますね、ものすごい綺麗。誰か買ってくれんろうか？

小松：それだけ先代はいろんな紙を大事に作っていました。しかし引き継いでみると、自分たちは作る人で、商社がいてそこを通して販売するという形だったので、お客さまを見てない。それでも、営業上手な先代がいたからできていたんだけど、娘さん2人になった時は、商社に頼って言われたものを作るだけの状態でした。そういう時代から自分たちで製造・小売じゃないけども市場も読みながらやっていく形に、普通の会社に変わらざるを得なかった。

ちょうどそういう時期に岡さんが紙産業技術センターを訪ねて来られた。それをきっかけに紙の業界を知ろうと、高知の紙会社を全部回ってみたんです。紙工場ってすごい。面白いことをいっぱいやっている。でも、古い抄紙機械を大事に大事に使って、その機械があるから回ってはいるが、いっぱいいっぱいいっぱいだろうなと思いました。

岡：それは7年くらい前でしたね。

土居：小松さんがおいでて工場に入ったら、5～10分、タンタンコウゾに釘付け。「タンタンコウゾ」というのは、機械が原料をほぐして延ばす叩解の時にタンタンと叩く音が出ることから私たちが名づけたものですが、そこしか見てませんでしたね。

小松：工場には原料を煮る窯から製品になるまでの機械が全部あって、きれいに一列に並んでいて、昔ながらの手漉きの工程が一目で見える。こんな製法でやってるところはどこもなかったんです。ユニークで、面白い技術を持っていて、商品開発の力もある会社、こういうところはなかなかない。「面白いやんか。ここには可能性がある。デザインを上手くすれば何とかなるのでは」と思いました。

岡：その後、小松さんに「こういう講習があるから」と誘われたんです。なんでも出れるものは出るようにしていたんですが、6時からの会で、その時は疲れていて、こっくりこっくりしてたんです。そうしたら小松さんが最後の端に「ここに素晴らしい会社があります」と突然立たれて、「内外典具帖紙の……」と、山茶花のチリ紙を持って話しているんです。その時に、目がぱっと覚め、こういう方がいらっしゃるんだ、自分たちが漉いた紙をこういう値打ちに見てくださる方がいるんだ、と思って奮い立ちました。嬉しかったですね、本当に。

土居：「山茶花」は家に咲いてた花が山茶花やったき、父がつけた名前です。

岡：グローバル化の時代に、和紙も日本だけでは需要が少ない時代に、ヨーロッパの方で修復紙の需要があるということを見越していたというか、そういうルートを作ってくれたのかなーなんて思います。その父が倒れ、仕事から離れたのは大きな転機でした。

小松：紙業を発展させたドリスラーが手漉きの土佐和紙を使っているということで、地場産業課にいた時そこに行くのが最大の仕事になっていて、けっこう職員もヨーロッパに行っていたんです。今や、世界中の修復紙はこの土佐和紙ですから。

土居：そのドリスラーさんが5月に新工場にお見えになりました。

小松：ドイツの商社のドリスラーがわざわざここまで来る、それだけいい工場なんです。

土居：先代と信頼し合っていたんでしょうね。本当に嬉しいのは、２０１０年（平22）の6月先代が他界しましても取引は1件も減らなかったんです。むしろ、「頑張りなさいよ。いい紙漉いてね」って言われて……。

消費者の声を聞いて生産者の顔の見える商品をつくる――初めてのプレゼン

土居：自分たちが持ってないものを与えてくれたのが、小松さんでした。自分たちは問屋さんは知っていますが、デザイナーさんなんて全然世界が違うから知らなくて。今でも覚えているんですが、雨の中カッパを着て、資料をたくさん持ってバイクでおいでになりました。

岡：自分たちが外へ出ないかんと思っていた頃に、デザイナーさんがいっぱい集まる異業種交流会に誘っていただきました。その後、梅原さんを訪ねて行くことを勧められ、最初は「山茶花」を売りたいのでデザインしてくださいとお預けしたのですが、1～2か月して「これはできない」と断られてがっかり。次にタンタンコウゾをいろいろと試して持って行ったところ、「民芸調になりすぎ、すぐに飽きられる」と、また叱られました。

けど折角作ったので、私は日本で一番商品が動く東京で反応を見たいと思っていたところ、新聞に「万々の商店街が表参道でよさこいを2日間踊る」という記事が出ていたので、万々商店街の理事長に会いに行きました。すると、「観光課の課長を知っているからすぐ電話してあげましょう」とご紹介いただき、課長さんからは「お金はいらない、1つブースが空いているのでよかったら是非」と言ってもらったので、2日間行きました。

タンタンコウゾがメインですけど、賑わいを出そうと、トイレットペーパーと同じ大きさの巻き和紙をドンと1つ置きました。そうしたら、紙で凧を作る方が「こんな紙、初めてや、買いたい」と言う。けど、試作品なので「よかったらどうぞ」と500円であげたんです。その方が翌日「全部買いたい」とまたおいでたので、「あと2つしかないですけど」と売りました。その報告を梅原さんにしに行き、「ヘンなものに火がつきましてね」と巻き和紙をテーブルの上に置いたら、「これは面白い。でもこれじゃ売れないからラベルを作りましょう」って。最初はもっと巻きが長かったんですが、買いやすい値段になるように5mにしました。

土居：当時は年齢的に絵手紙をやる人が多くて、これがすごく売れたんです。

小松：巻き紙も普通にやってもだめで、ひと捻りもふた捻りも違うデザインが必要やった。要は、問屋さんチャネルで販売してもだめなんです。このままじゃだめやったけど、自分で売れるものを作って、力があるものに気づいて商品化し、それをちょっとでも認知してもらえればなんとかなる。経営革新という助成制度があったので、補助金が付いて頑張っていけば変わるぞ、粘り強くやる2人だし、あとは励ますだけや、と応援していきました。

土居：自然体で言ってくださるんですけど、我々に対して想いがありましたから、それがひしひしと感じられました。

小松：だけどもこういうお2人なので、駆け引きや営業はあんまり上手じゃない。

土居：そうなんです。時代が変わり、層も変わってきたので、若い人向けにアレンジできるようにならないといけない。問屋さんの力に頼らずに売るには、自分たちが変わらんといかんね、どうしたら会社が変わるんだろうね、けど日中はそれぞれ現場に立っていて動きが取れないとあがいていた、そんな実情の中での初めてのプレゼンテーションだったんです。

小松：それは、え〜、大丈夫やろうかと、こっちの汗がタラタラ出てしまうようなものでした。

岡：でも、奨励賞をいただきました。

土居：今までは問屋相手だけで、卸した商品の行方を知る必要もない、ただ作るばかり。先代が他界して、小松さんにアドバイスや刺激をいただき、消費者の声を直接聞いてニーズを知って、「顔の見える商品」を作らんといかん、と思うようになりました。無意識でしたが、そこからやったね、それが経営革新やったね。

独特なものを作るDNAで素早く対応する

小松：県内の製造業の中でも特に現在の紙産業に一番表れているんですけども、紙産業はほとんどその出荷額に変化はない。だけど、出荷額の中の構成比は10年前とは全く違うものになっている。それだけ世の中の変化に対応して紙会社は変わってきています。

生活様式や市場の変化が起こると、タイプライターや謄写版の原紙が急に必要なくなるとか、障子紙を作っていたところもパタンパタンと倒れるとか、生活用紙が多いので急に変化として表れるわけです。中小メーカーでも大きいところは量産品、例えば大人用紙おむつを作っているところは3社あるし、いくつかは大手紙企業の子会社化して生き残っているところもあります。たえず競争があり、研究開発し続けています。紙というのは命が短い。ニッポン高度紙工業は珍しい例で参考にしずらいけど、実はセパレーター紙もどんどん変わってきている。大手も中小もどちらも日々革新が続いている。絶えず革新が続く業界は、高知県ではこの紙業界。だから、紙屋さんは面白いんです。他の製造業は急には変わらない。紙産業はパタンと変わる。それを宿命と思って紙の業界の人たちは生きてきているので、えらいです。使うシーンが全く変わってくることに対する対応力がすごい。

その原動力はアイデア。小さな会社がアイデアを出していろんな商品を次から次に出している。扇子の紙を作っているところもあれば、写経の紙を作っているところもある。いろんな小さなマーケットにそれぞれが合わせてやっています。トイレットペーパーやティッシュペーパー一つとっても、ゴミが出ないとか、巻きが長いとか、柔らかいとか、他と変わっていないといけないし、変わっていっている。それを高知の企業が全国よりも先にやっているのです。保湿ティッシュは河野製紙が最初です。

岡：ポケットティッシュも高知で、明星産商ですね。

小松：そういうふうなアイデアを持って商品を開発していかないと生き延びていかれないのが紙の業界。ヘイワ原紙の山岡さんは、1日1個は商品をメモにして作る人として有名で、開発ノートが何十冊もある。その繰り返しが、実は業界みなさん一人ひとりにあるんじゃないかと思う。そういうコツコツしたところは土佐人にはないけど、紙の業界にはある。お客さんからリクエストがあると、何らかの形で対応する。それがいろんなものを生み出し、生き残る力になっていると思う。

岡：その通りですね。

小松：量産品を作っているところと、小さなマーケットで市場が変化するたびに変わっているところでは展望も違う。小さいところでは、みなさんそれぞれが自社の独特のものを持ってあまり競合しないところで戦いながら、産地を形成している。

独特なものを作るという精神があるからこそ、ニッポン高度紙工業や廣瀬製紙など飛び抜けたところも出てくるし、やっている。それを培ってきたのは、戦前にできた日本紙業。紙の業界は何度も合併を繰り返していて、日本紙業はもともと高知県の人たちが集まって作った協業組合で、それを日本製紙が吸収合併したものです。今もいろんな雑種紙を作っていますが、独特なものを作るというＤＮＡが製紙工業界の中には脈々と流れています。

土居：いま海外を見渡すと、修復紙。

小松：修復紙ならまだまだ可能性ありますね。

土居：そっちに行きたいけど、商品と値段が……。遠いからすぐ行って話ができないので、一回値段を出しても「もう少し下げてください」と交渉することは滅多になく、「高いですよ」と言われて、安い所をパッと選ばれてしまう。この前ドリスラーさんがいらして、「鉄みたいに錆びるのはいかん、ステンレスがいい」と言っていました。細かいです、ドイツの人は。おおらかにお酒を飲んでいるような明るい感じの人なのに、そういうところはすごく細かくて厳しい。

女性ならではのアイデアを活かすのはワクワクする

岡：タンタンコウゾで延ばした後、紙にならない原料は選別して捨てられるんですが、やっぱり女性の感覚ですね、「もったいない」「何かできないだろうか」「作ったら売らなきゃ」とか考えるんです。それで、いろいろサンプルを作り、「これ、お花の花材にならないかなあ」と思って生け花の5つの流派の方に送りました。この時は、お盆休みに「今しかない」と5日間かかりきりで作りました。結果、「こんなもの送ってこないでください」とお叱りの電話もいただきましたが、小原流の全国の上級の先生（家元、理事長、全国のトップの先生）が年に1回集まる場にタイミングよく見本が届いたわけなんです。で、「今度、家元の展覧会があるから花材にしましょう」ということで注文につながりました。チャレンジすると買うてくれるということが分かりました。典具帖紙オンリーだったら他のものを作る時間はないんです。新しいものってワクワクする、そんな体験でした。

土居：そんな試みの一つですが、和紙を詰めたちゃちなものをいくつも作って行き詰まり、ある人に見てもらったら、「内外さん、こんなものもらっても開けもしないですよ」とズバッと言われました。それでも雑談を続けていて「こんなものがあるよ」って出されたものを見た時に、「これやったら、半端ものの和紙があるし、断裁した耳付きのものもあるので、自分で作れる！」とひらめきました。半端のものを使って、組み合わせを考えていくのがうんと得意。経験的に、端切れは赤がいいので赤を使って耳を染めたら、「これやったらいける！」と自分なりに納得がいったんです。それで初めての問屋さんが来られた時に、自分ところで染めた和紙を何種類か詰め合わせてパックを作り見せたら、「これ、売れる」と言うたんです。それは、東京銀座の鳩居堂《きゅうきょどう》が一手にお願いしている問屋さんでした。

小松：鳩居堂に何を持って行ったの？

岡：巻き和紙とカレンダーです。巻き和紙は、巻くんじゃなくて手漉きのように、4隅、耳付きで、2枚でも3枚でもかまわないから、薄いもの、お茶会などの先生方の招待状などに使えるもの、耳付きじゃないものも加えて、3色で100ずつ出しました。そしたら、「これがいい、このボリュームがいい」と、字は横書きで耳付きのものに決まりました。それから2年半かかったんですけど、取引が始まりました。

小松：すごい！

岡：この発想は、タンタンコウゾを作ってなかったらなかったです。木のボタンを麻紐にしようか、糸をよってやろうか、迷いながらやってみたけどイマイチやった。その時にタンタンコウゾでやってみたところ、私なりに納得がいったんです。このポチ袋、原料から商品まで全部土佐和紙でできているんです。でもたぶん、和紙でできているというのは分からないと思います。ほんの気持ちというものですが、もらった人はお金でも包んであげるということにも使えるでしょ、中に小さい山茶花が10枚ですけど入っています。誰かにあげる時に、お金が映ったらいかんのでチリ紙の下に和紙を入れています。

土居：ほんとはもっと長くしたかったけど、半端の紙がこの長さしかなかったので……。

小松：「ほんの気持ち」だから、いいんじゃない、これで。普通の「包み」の大きさと違って独特で。

土居：不格好、私たちの体形みたいに……、でも、なんか愛くるしいような……。

岡：うちはメーカーだから素材がある。「こういうものができないか？　月末までに、単価いくらで、これぐらいほしい」と言われた時に、何でもやってみないといけない時代ですので作ったわけです。注文の品を納めた後に、これは水引の代わりにタンタンコウゾになるな、耳付きにして、色を付け、合紙にしてみる、こういうポチ袋って絶対ないな、と思った。

小松：ほんと、水引じゃないみたい、ほしいちや。

土居：それが、まだ値段がないがですよ。逆に、いくらだったら買います？

小松：土産物店だったら、３点セットで500円やね。東京へ持っていったら、２千円で売れる。鳩居堂だったら、叩いた紙も分かってくれそう。

土居：１つにしたら600円……、すごい！

岡：提案してみましょう！

小松：難しい要求をヒントにこんなものが作れないかな、とやってみてできた。苦労が発明の泉ながですよ。だから面白い。

岡：私、これを作って初めて思いました。メーカーは宝の宝庫。過信しちゅうかもわからんけど、ものがあるから作れるんです。

小松：「メーカーは宝の宝庫」、えい言葉やね。これ、商品化、いつ頃？

岡：インターチェンジとかで売るからと息子から言われ、今月末に何十組か作ります。

自分の力で開発するのが製造業、そのため事業部を作った

岡：年が上だから責任を追わなきゃいけないかなと思って社長になったんですけど、なってみて、何よりも恥をかくことが大変でした。最初、「何掛け」という掛率がわかりませんでした。問屋さんでしょ、もう決まってるじゃないですか。そこから、それこそ命ガケでいろ

いろ聞いたりして勉強しましたね。その問屋業界も変わってきました。

小松：問屋さんが一番大変。いまネット時代になって、問屋さんの力がどんどん落ちてきて存在意義がなくなってきている。そのままメーカーと消費者もしくは小売店とを結んでいくので、問屋さんの役割に対し、何かメリットを付けなきゃならんがやけど付けるものがない。紙業界は本当に急激に変わりましたね。

岡：もう7年やりましたので、妹に社長をバトンタッチしました。なんでも自分の力で開発することが製造業ですから、そういう人材が育っていってほしいなと思っています。

土居：社長を引き継いで、事業部みたいなものがほしいなと思って作りました。今は8時間みんな現場に入っていて、疲れて事務室に腰掛けても頭がこんがらがってすぐに切り替えられないのが弱み、そういうのはちょっとまずいかなと思ったんです。なにせネットの時代ですから、その勉強もして、ネットで商売もしてみたい。

岡：いろんな方と雑談したい。雑談すればポロっとそこでヒントが生まれて商売につながったり新しい商品の開発につながったりするんですけど、そういう時間が我々にはない。

漉いた原紙を売ると、企画会社なんかが金箔とかして加工したりして、それがマンションの壁紙になったり、床の紙も出てきたりしてるみたい。そういうお店があれば、先にその会社の人に依頼したデザインがあってタンタンコウゾを打つとか。そういうところがほしいな、企画会社にどんどんと売りたいな、と。でもなかなかない。

土居：ですね。だから、事業部をつくったところがあるんですけど。

小松：社長業ができないところがある、ということ。お2人がワーカーをやってるんです。だから本来は、考えて交渉して、と社長業だけをやればええいがやけんど。

手漉き和紙が機械漉き和紙になった創業者の人たちが辞めて次の後継者に事業承継しているという時が、ちょうど今。そういう時代なんだけど、親の背中を見ているせいか、宿命みたいに思っている人は確かに多い。和紙はわりと若手へのバトンタッチがうまくいっている業界で、製紙の若手の勉強会とかいろんな会があって協調しながら、だけど1社1社競争しているという業界でもある。

岡：うちの息子なんか来始めたころには紙を漉くことも全然できなかったので、同業者の集まりの恵紙《えし》会に入ることを勧められたらどうしようって悩んでました。私は、人を知ることは大事だから、そこから人脈・知恵をもらってきたらいいと思うんですけど。

小松：マーケットを見るなりギフトショーを見るなり、いろんなところに出て、どんな商品が出ているのか、やっぱり若い人に見る機会を設けないと……。これまで市場の変化に対応してやってきたように、これからは次から次にそういう企画商品を、内外ならではの紙を作って販売していくしかないと思う。だけど、売り方はいろいろ変わってくるろうし、ネットもやらんといかんやろうし。それは、お2人の世代やなくて次の世代の人たちがやらんといかん。後継者になる人たちがどれくらい親の背中を見てくれたか、というのが生き残るかどうかですね。

岡：ジェトロとか海外の展示会とか無料で行けますよとか、声がかかったりメールが来たりするんです。この前も高松の展示会へ息子が、巻き和紙と典具帖紙を千枚入れた赤い箱を持って行きました。そしたら、フランスの小売店の人から注文をもらって、びっくり。思わず手を叩きました。私の息子はここへきて5年目、女の子は土居の娘で、後から入ったので5年弱になります。私は苦労を早くして継いだらいいと思っています。

土居：若いうちの苦労は恥になりませんからね。我々が父の背中を見てきたように、子どもたちも我々のあがいて悩んでる姿を見て育ってほしいなと思います。

岡：紙を漉く技術は自分では大体5年くらいでできたろうと思うんですけど、まあ10年ですかね、偉そうになるのは。2人が10年経った時、ここが変わってもっと売れていれば任せられる、それが楽しみです。

小松：商品が売れるかどうかはなかなか分からないので、いろんな企画開発して商品をいっぱい作ってやってみてどうか確認する、を繰り返していくしかない。小さな規模のメーカーなので、中小企業性を活かしていろんなものに挑戦していく。やっぱりチャレンジすることなんです。

岡：息子も「継がんといかんな」と思っているんじゃないでしょうか。やる気があるんやったら応援しちゃらないかん。けど、やっぱり自分のやり方でやりたいでしょうね。

飾るのでなく仕舞うのでなく、ふだんの生活シーンで使われる商品に落としたい！

土居：親が子に伝えていった紙、製造方法など、子どもに継がそうと見せながら一緒に手伝って、他には漏らさずに自分たちだけでやっていった、というのが昔からの伝統。「イタリアの職人さんに似てる」って、どこかのデザイナーさんが言っていました。継がしていってるところが誇りで、何年先もオーダーが待ってるけど、一つひとつコツコツ作るから、そんなに早くさばけない……。

小松：機械屋さんは製造ラインを簡単に見せてくれる。でも、紙の業界はなかなか見せてくれない所がある。内外は違うけどね。

岡：新工場には中2階を造ってるんですよ。今は物を置いているんですけど、私の夢は上から「こういうふうに和紙ができるんですよ〜」って見せられるようにしたいんです。それというのも、いま和紙が身近に感じられていない、もったいないから置いておこうと思われてしまう。置いておかれたら売れない、使ってもらわないと商品が動かない。特殊紙はもったいないと思われるより、ティッシュペーパーなどのようにもうちょっと生活に近づけたいと思うんです。

小松：机の上にある陶器とかは美術工芸品であって、飾って置いちょくもの。でも、実際の生活シーンで使う工芸品になりたいよね。作家が造っているような床の間に飾る美術品じゃないので、要は生活シーンで使われない限りはビジネスにならない。

岡：「山茶花」なんかも高級なチリ紙でしょう。そしたら、「特別な日に特別に使う紙」って言われて、なんか私「これじゃあだめだなあ」と思いました。趣味よりも生活に落とした商品の方がもっと動くんじゃないかと思います。

土居：紙の本質を活かしてやったのはタイプライター用紙でした。そういうのだったらどっと売れるし、売れました。生活に要る、毎日絶対必要っていうものがなかなかなくて、結局、照明のランプにかぶせるものくらいになってしまう。特殊紙は、趣味の人がよく使ってくださるものにはかろうじて適しているかなとは思いますが、生活からは少し遠い。

小松：小さな会社なので、大きいマーケットは狙えない。だけど、マーケットがちょうどのものは探せばまだまだ世の中にいっぱいある。その生活シーンの中で使われる紙として、やっぱり独特なものを作っているので。

土居：しかし、特殊紙、趣味紙になると、生活に落としたとしても、ちょっと高いものになってしまう。

小松：もちろん。トイレットペーパーやティッシュペーパーのように量産品にすれば価格も落ちますが、そうじゃなく、要は両極じゃなくて、その真ん中。

土居：でも、なかなかないですよね、それ。

小松：名刺も通販で100枚単位で安く頼める時代に高い名刺でやってもなかなか売れないということもある。嗜好の変化もあるし、いろんなものに対応して、それに合わせて自らが変わっていくしかない。自分の頭にハチマキを巻いて、うーんと考えるしかない。

岡：お部屋の湿気を取れるブラインドがあったらいいなあと思って旧工場で実験していると、水を吸い取る時に途中で止まるんです。なぜ全体に吸い取らんのだろうかと思っている時にギフトショーへ行ったんですが、同じものを大手の会社が開発していたんです。あ、自分の考えは間違ってなかったな、小さな企業の小さな脳みそでも頑張ればできるんじゃないかな、って思いました。

土居：我々は製造業ですから、作る上で工夫をしたいなというところがやっぱりあります。できたものにデザインを施してというのはもちろんですけど、作るところで既にデザインされたものを作りたい、と私は思っているんです。デザインされたものを仕入れて、何とかして売ろうとしている方に依存したいなとも思います。その場合は販売してくれるお店を広げたらいいんじゃないかというお話もいただいて、「そういうことか」と思ったことでした。直接売るのもありですけど、お願いし頼んで広めていただくこともありですね。

小松：先代はアイデアを持っていたから、作るものをどんどん変えていくことができた。そのＤＮＡは娘さん２人に息づいている、と感じます。そういうセンスを親父さんが２人に引き継いだように、お子さんの世代に継がれていったらいいと思います。

生き抜くポイント5

伝統を大事にする

高知には、ずっと以前から高知に根づいてきた特徴的な産業群があります。それは、紙や打ち刃物などの「伝統産業」といわれるものです。伝統産業は、その地域にずっと続いてきただけの理由があり、同じ背景が今もあるから、その技術は継承されていっています。その地域に蓄積された原料や技術やノウハウなどの伝統産業の優位性を活かし、上場するほどの企業となり、また中堅企業として県経済を支えている例もあります。

しかし、産業社会の変化は従前と同じ形で伝統産業を続けていくことを許さず、何かを変え、付け加えていかないと、退出圧力がかかってしまいます。そういう中にあって、伝統産業をベースに今のニーズをオンし、次世代に引き継ぎ、新たな分野を開拓している事業者が存在しています。そこにあるのは、伝統産業に対する強い思いと、他産地に負けないという自負なのです。

基本は「人」そして「技術」―

「何でも屋」の時代は終わった。「これが得意」の特化した技術力を磨き、強い会社を創る

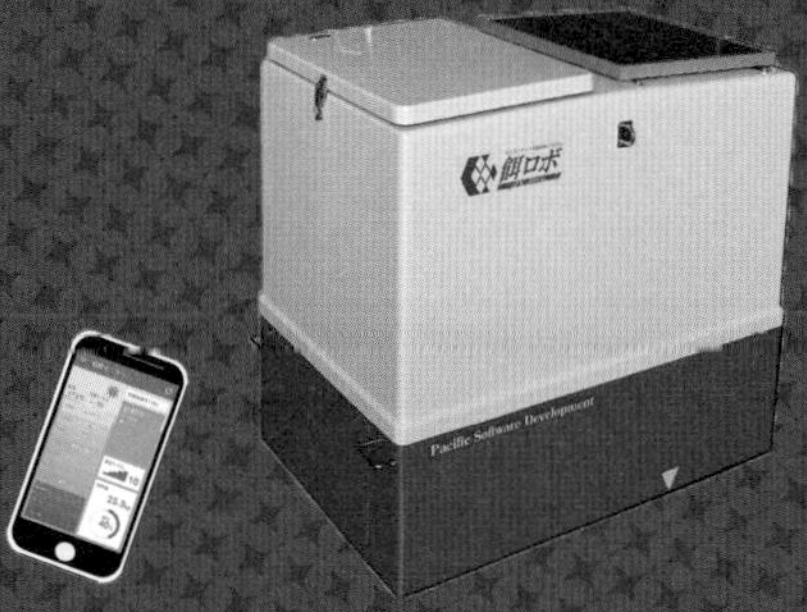

水産業向けインターネット自動給餌システム「餌ロボ」

中谷 正彦

パシフィックソフトウエア開発株式会社代表取締役会長

1945年、高知市鏡村生まれ。高知学芸高等学校から東京の大学へ。大阪のソフトウエア企業に技術者として就職。1972年退職し帰高。ソフトウエアで面白いものづくりをしようと、自身でパシフィックソフトウエア開発㈱を起業、社長就任、2019年より会長。

ソフトウエアで面白いものを作りたい！ 自分が働く場所は自分で作るしかない!!

小松：パシフィックソフトウエア開発を立ち上げた時の思いや流れを聞かせてください。

中谷：僕は中学時代は昆虫にのめり込んで、高知ではそこそこ有名な子どもだった。両親も「あいつは昆虫学者になるのでは」と思っていたと思う。ところが中学2年の時に、無線というものを知って一気にそっちの世界へ。日曜市で真空管を買ってきて受信機を作り、音を鳴らすと面白くなって、今度は電波を出したくなって送信機を作った。中学3年の時に電話級アマチュア無線技士に合格、大学では電気通信工学科に入りました。

僕が工学部に入った時点で、高知にはそういう企業がないので、親は「あいつは高知には帰ってくるつもりはないな」と思ったと思います。大学の4回生になった時、就職が有利になると聞いて、卒論で初めてコンピュータのソフトウエアを取り上げたんです。そしたら、コンピュータが面白くなってしまい、無線を捨ててコンピュータ会社の求人を待ちました。その頃、コンピュータのソフトウエア企業なんて日本にはほとんどなくて、たまたま大阪の40人くらいの会社の求人が東京まできたので、大阪の企業なら高知に近いしと応募し、合格したわけです。

その会社で4年間いろんなことを経験させてもらい、僕の技術のベースはここで培われたと思っています。でも、そのうちに物足りなくなり、もっと面白い仕事があるんじゃないかと思って、辞表を出したんです。何度も留められたけど、その頃ハマチの養殖が流行っていたので「高知のいとこがハマチの養殖をやっているので手伝いたい」と言って、やっと辞めることができました。

それで高知に帰ってきたのが1972年（昭47）5月の連休のことでした。4年間働いた退職金がちょうど5万円、そのお金で自動車学校に通いながら、職業安定所に行きました。当然、仕事があるものと思って行くと、「どんな仕事をしたいのですか」と聞く。ソフトウエアの仕事をしたいと答えると、「ソフトウエアって何ですか？」と言う。説明すると、「それは高知ではむずかしいと思いますよ」。まあ、インターネットもパソコンもない時代やからね。それでも週1回、職安に通っていたら、やっと見つけることができました。会社の名前は「高知ソフト」。おお、高知にもソフト会社があったんやと喜び勇んで訪ねてみたら、何のことはない、ソフトクリーム屋さんだった。もうがっくりきてね、ソフトウエア会社は高知にはないんだ、と痛感した。電子計算センターはあったけど、委託計算なんか面白くないから勤める気はない。やっぱりソフトウエアで面白いのを作りたい。けど、今さら東京や大阪に戻るわけにはいかん。そう思うと結局、自分が働く場所は自分で作るしかない、と考えるに至ったわけです。

小松：私が県庁に入ったのは1978年（昭53）ですが、70年代の当時は、どの地方も、新全総（新全国総合計画）に基づく新産業都市の形成に見られるような取り組みをしていた時代でした。高知県でも港湾を整備し、地方資源型の産業形成というのが産業政策の考え方で、私は入庁して工業課に配置されましたが、当時の商工行政は、水産商工部の中で水産課が主管課で、商工行政の多くが機関委任事務で、国の中小企業支援策に依存していました。そういう状況下で、高知でソフトウェア産業の創業というのは難しかったと思いますが、どのように推し進めていったのですか。

中谷：会社をつくるといっても有り金は使ってしまったし、友だちを回ってやっと50万円集めて、それを資本金にしました。自分で手続きするしかないと本屋で会社の設立登記の本を買ってきたものの、難しい言葉がいっぱい。何度も法務局に足を運んで最後に引っかかったのが、定款の事業目的のところ。僕は当然のように「コンピュータソフトウエアの製造および販売」と入れたわけ。ところが「いかん」と言う。なぜかと聞くと、ソフトウエアとは何なんだ、というわけです。それで当時、唯一の月刊誌『コンピュートピア』という雑誌を持ち込んで、このとおりソフトウエアという言葉は日常的に使われているとかいろいろ説明するけど分かってくれん。挙げ句の果てのひと言は「高知で前例がない」。じゃあどうやったら通るのかと聞くと、「コンピュータソフトウエアを日本語に直せ」と言う。

コンピュータは「電子計算機」でいいとして、ソフトウエアをどう訳すのか、困り果てた挙げ句「利用技術」という言葉を考え、「電子計算機の利用技術の製造および販売」とした。これで、2か月以上かかった審査がやっと通りました。そんなわけで、僕の目の黒いうちは定款は変えたらいかんと、意地でそのままになっています。

地理的なハンディキャップをカバーするのが技術力、そこでアドバンテージを創る

小松：50年の会社の歴史でターニングポイントとなったことはどんなことですか。

中谷：高知に戻った年の9月に会社を立ち上げ、森連ビルの一室を家賃5万で借りて、電話を一本引いた。仕事を取らなくてはいけないんだけど高知県の経営者も知らないし企業も知らないので、飛び込みで毎日何十社と回ったんです。ところが、ソフトウエアという会社名を見て、ユニフォーム屋、服地屋、布団屋などと間違えられる。コンピュータが入っているのは市役所と銀行と大学くらい、それも些細なコンピュータという時代。それを考えたら、ソフトウエアの市場なんてあるわけがない。友だちにも「お前アホやないか」と反対されました。

だけど意地があるから会社を続けたんやけど、12月になって資本金がなくなってきて来月の家賃を払えなくなった。これはいかん、もうムリや、ちょっと早すぎたな、けど3か月間一生懸命やったし、まぁええか、と思った。

そう考えてせいせいしていたら、今まで鳴ったことがない電話が突然鳴った。何事やと

思って電話を取ったら、前に勤めていた大阪のソフトウエア会社の同僚からだった。「お前が高知でソフトウエア会社を立ち上げたことは知ってるぞ。高知なんかに仕事ないやろ」。「そうや」と言うと、「実は徳島でこんな仕事を取ったが大阪から行くのも大変なのでお前がやるなら回す」と言う。それで、飛びついた。会社の最初の仕事は、徳島だったわけや。

小松：どんな仕事だったのですか。

中谷：それは制御ではなく、ミニコンピュータでやる医薬品卸会社の販売管理システム。飛びついて取ったのはいいんだけど、困ったのは、システムの設計をやるわけやから2か月くらい徳島に行ってお客さんにどんなことをやりたいのかを聞くなど打ち合わせをせんといかんこと。高知から徳島に行くのは、その頃は高速道路もない時代だから片道5時間はかかるので日帰りはできんし、お金がないのでホテル代なんてとてもじゃないけど都合できん。そしたら、ありがたいことに親父が徳島に一時期いたことがあってカーディーラーに友だちがいて、話をしてくれた。

すると、その販売店では宿直員が最近辞めて困っている、と言う。で、「あんたの息子が宿直員をやってくれるなら無料でいい、風呂もガスもあるし、鍋釜だけ持ってくればいい。条件は一つ、夜中に2回くらいショールームを見回ってほしい」という話になったわけ。それで、ボロ車に布団や鍋釜を積んで行った。次の日から、朝8時くらいにディーラーの社員が出社してくる、僕は反対に販売店を出ていく、ということを2か月続けた。こういう形で最初の仕事がスタートしたわけです。

その仕事で評価を得て、だんだん仕事を取れるようになってきたけど、当初の10年、20年くらいの間は99％が県外の仕事だった。今でも実質は90％以上が県外だけど。

小松：県外の仕事が多いということは、常に地理的に不利という条件を抱えていたわけですね。

中谷：大阪の会社と比べれば当然、高知は不利よね。お客さんに来いと言われても、当時は橋も高速もないので、すぐには行けん。だけど、地理的なハンディキャップをカバーするのが技術力だと思う。技術力でそこをカバーする。高知で仕事をしているということは、県外の同じような内容の企業と比べたら、技術レベルで何らかのアドバンテージがあるということですよ。そうじゃないと、高知にわざわざ発注なんかしない。

それと県内企業を強くするには、行政の力が大きいと思う。研究開発補助金などはよく利用させてもらうが、僕のところでは本当に役立っている、ありがたいと思っている。しかし、それはやるべき最低限のこと。県外、それも大手とか名の知れた企業とかのものは「なんぞ」みたいに言うが、県内の企業が必死になって作り上げたものに対しては、頭からたいしたことはないと思っているのではないか。少々劣っていても、それを支援・応援していくことで、県内企業は強くなっていくんだけどね。要は、県内企業のレベルアップを基本に考えてほしい。

しんどい時でも一生懸命やらんといかん、誰かが見てくれている

小松：その後ですけど、かつては同業のソフトウエア会社がいくつかあった中で、パシフィックが生き残ってきたのは、やはり経営力があったからですか。

中谷：経営力というより、僕は執念の男やき。全然頭はよくないが、執念だけは人に負けん。

会社を立ち上げてから20年くらいの間、いつ会社が潰れてもおかしくない状態でした。そんなある時、99.9%潰れそうになったことがあった。会社は資金繰りがショートしたらアウトなんだけど、ある事業を撤退して、その僕の判断が甘かったということもあって資金繰りが狂い、計算してみたら向こう6か月間全て資金ショートしている。僕はそれまでの約10年間、給料をまともに取れない状態だったし、家も資産も預金もない。給料日だというのに、1か月分を集めても6～7万円しかないこともあった。その時は社員を集めて目の前にそのお金を並べて、「お前ら、すまんけどオレはこの金をよう分けんので自分らで相談して分けてくれんか」と言ったことがあった。そんなことはしょっちゅうで、ほんまにひどい経営者やった。

そんな状態で銀行に行っても、けんもほろろ。さすがにその時は腹をくくった。だけど、

会社の技術には自信があったので、絶対にうちの会社を買う企業がある、売れると思っていた。それで、高知の企業に売るんだったら財閥系だなと10社くらいの名前をピックアップし、この業界に明るい企業を順位付けて回ることにした。そんなある日突然、今まで全く取引のない銀行の人が来た。「おたくとお取引きがしたいんですけど」と言う。それで「うちも取引きをしたい。けど、うちは潰れる。もういかんのや」と言うて、資金繰りが向こう６か月ショートだと話した。その時は「そうなんですか」と帰っていったんだけど、３日経ってまた彼が来た。その時も「潰れると言うたやろ」と言うと、「けど社長、お金は要るでしょう」と言う。でも私は「そりゃ欲しいよ、だけど資産もない預金もない保証人も私一人よ、無理よ」と言って、帰ってもらった。そしたら1週間くらいしてまた来た。今度は何と言ったかというと、いきなり「今月はなんぼ足りませんか?」ときた。「350万円足りん」と言うと、「それはいつまでに必要なんですか?」と言う。この人は何を言っているのだろうと思いながら、「いや、来月５日に必要なんだけど」と言うと、「分かりました」と言って帰っていった。すると、次の月の５日に350万円貸してくれたのよ、驚いたね。それから毎月５日には足らない金額を６か月にわたり貸してくれたがよ。途中で思ったね、どうせ会社を売るつもりやったんやから、価値を認めてくれた銀行に買ってもらったらええわと割り切ったし、覚悟を決めた。

　そして６か月過ぎて、計画どおり単月で黒字に転換したわけ。うちも遊んでいるわけじゃない、社員は一生懸命やっておったわけだからね。うちはそれで一気に息を吹き返した。そしたら、銀行が言ってきた。「今までに出したカネがこれだけあります」。額はたぶん3千万円くらいあったと思うけど、「おたくに無理にならない程度に、そろそろ返済方法を考えませんか」。

こんなことが世の中にあるんだねと思ったし、今時こんな行員がおったら即クビだと思うけどね。それで、その銀行の支店長がうちに来た時にこの話をすると、「中谷さん、銀行というのは担保取って保証人出して、それでしか金を貸さんところだと思っていませんか」と言うので、そんなの当たり前やないかと言った。そしたら、「いや、それだけじゃないんよ。社長ね、銀行も人間を見るんですよ」。うれしかったねぇ、これを聞いた時は本当にうれしかった。もちろん今でもこの銀行にお世話になってます、そりゃそうですよ。だから僕は社員によく言うんです。しんどい時でも一生懸命やらんといかん、誰かが見てくれている、と。

「なんでも屋」の時代は終わった。これからは「私はこれができます」という時代

中谷： 僕は最初の15年くらいは技術屋をやっていた。社員を入れたのは2、3年目かな。ぽちぽちと入ったり、給料も満足に出せんかったから辞める人も出たりしながらだけど、現役

の技術屋として社員と一緒にやっていた。会社が潰れそうなのに、一方で技術の仕事をやらんといかん……。そんなの、頭がいっぱいで、まともに考えられない。やりながら、あぁ、これは無理や、技術と経営の両立は無理や、どっちか取るしかないと思いました。それで、技術は大好きやったけど、泣く泣く経営一本に絞ったんです。

小松：その時からずっと経営者でいっているわけですか。

中谷：技術の仕事は全部捨てた。でも、ラインの仕事こそ手を引いたけど、40年近くの間、ずっと技術本部長を僕が兼ねていた。もちろん方向性だけ決めて、実際の技術はやらんわけだけどね。それで中城一明（現・代表取締役社長）が来て、彼なら任せられるということで専務取締役の時に技術本部長にした。はったりじゃなくて、実際見渡してみても技術者として彼くらいできるのはそうおらん。

小松：中城さんのような人が入ってきたのも、パシフィックは昔から人材確保におカネをいっぱいかけてきたことが大きいと思います。リクルートにあれだけのお金をかける中小企業は、当時、高知では実は極めて少なかった。雇用指標も悪く、小さな企業が多い中で、中小企業は中途採用者を採るという形が普通の姿で、そのため経営者にリクルートでお金をかけるという意識が乏しかったように思えます。今でこそ、企業の人材確保が大事だからと、ていねいにリクルート活動を行うケンジンの「高知の企業」群がありますが、パシフィックで中谷さんがやってきた取り組みが県内中小企業に刺激を与えてきたと言っても言い過ぎじゃない。

中谷：やっぱり大事なのは「ひと」。お金じゃない。もともと自分にお金がなかったから意地でもそう思いたかったのかもしれないけど、お金というのは人に付いてくる。どっちかというと、金はあとから付いてくるものだと思っている。だから社員にも話をしているんです。これだけ一生懸命やっているのだから心配するな、お金はそのうち追いついてくるから、と。

小松：研究開発型企業だから、やっぱり人材が大事ですね。

中谷：大昔から「企業は人なり」って、いろはのい、みたいに言われるけど、本当にわかっている経営者がどれくらいいるだろうかと思う。企業も地域も、社会も国も、人材が枯渇したら衰退するしかない。「ひと」は根本なんです。

小松：リクルートにはお金をかけず、入ってからも待遇がよくないとなると、なかなかいい企業になっていくことは難しい。

中谷：県内企業はたぶん、うちも含めて一生懸命やっている。人材を採れなくなったら企業はジリ貧しかないとわかっているから。しかし、ただ人数を確保してもしょうがない、うちのリクルート担当に言っているのは、うちのレベルよりはるか上の人を採用しても意味がない、ちょっとだけ上の人材を狙え、ということ。そうすると、長続きもするし、5年後にはうちもレベルが上がってくる。そしたら、また次の人材のレベルも上を狙う。だから、数合わせだけの採用は絶対するな、と言ってある。
知り合いの経営者で、学生相手の合同説明会にガイダンスのブースを出したけど恥をかいたという人がいる。「他の企業には学生がいっぱい来るけど、自分のところには一人も来ない。もう二度とやらん」と言うわけ。それで、「お前は何を考えてるんや、そういうことを経営者が知ることが大事なんだよ」と言ってやった。僕なんか、そんな屈辱感を何回も味わっている。その屈辱があるからこそ、「うちはこんなに魅力がないのか」、そして「うちは何が足らんのやろう」と考えるわけ。リクルート費を使えば使うほど、より自分のところがわかるようになる、ということ。経営者はよく考えなくてはいけない、特にうちみたいに小さいところは……。

小松：インターンシップも積極的にやっていますね。

中谷：うちは古い。高知東工業高校は30年以上前から受け入れている。なんでやらなくてはいかんかというと、今の工業高校は進学率が上がって大学に行くようになった。大学の工学部を卒業してうちに来た者に聞いてみたら、高校の時にインターンシップで来て印象がよかったから入社した、というようなことが何度もある。４年後、５年後にもろに影響してくるものなんです。

小松：本当は地域全体で、人材が県外に出て行かないように受け皿をつくる努力をしなくてはいけないですね。

中谷：そう、現在の高知県にとって一番重要なことやね、けど、一番難しい。高知の企業なんて大したことないと、県民の多くがそう思っている。日本のローカルと呼ばれるところでは多かれ少なかれそうだと思うがよ。しかし、それではいつまでたっても地方の時代、地方創生なんかできるわけない。まずは、当事者であるわれわれ企業が経営環境を整備し、技術力を強化し、小さくとも魅力ある企業にすることやと思う。そして行政はと言えば、県外に向かって「高知はいいところやき、住んでみんかえ」とアピールするのも否定はせんけど、県民に郷土に対する誇りと自負を持たせ、郷土で働き生活することがトータルで考えたらベターではないかといったふうなパラダイムを醸成していくべきやと思う。それは難しいことかもしれんけど、やるしかない。

ハードウエアとソフトウエアの接点領域を攻め、強い会社を目指す

小松：ソフトウエアを開発してレベルを維持、向上していく上で大切にしていることは何ですか。

中谷：僕は30年くらい前から、ソフトウエア産業は滅びると思っているんです。このままだと、「昔、ソフトウエア会社というのがあったね」と言われかねない、本当に。

うちの会社は、ハードウエアとソフトウエアの領域を単純に線引きした時に、その接点領

域に位置している。事務処理をやっているとかウエブだけをやっているとかいう企業は、ソフトの側の一番端っこの方にいる。一方で、歯車を作っている機械屋さんとか溶接をやっている製造業は、その対極のハード側にある。だとすると、うちのようにベルトコンベアの自動化をしているとかロボットとかNC工作機械を造っているというのは、ハードだけどけっこうソフトの領域に近いところにいる。だから、うちはソフトウエア産業というよりも、どっちかというと物づくり企業に近いと思っています。

実は20年以上前からソフトとハードの融合化、一体化というのが始まっているんです。いいシステムを作ろうと思ったら、ソフトだけでもできんしハードだけでもできん。ソフトとハードを、どう割り当てて、どういう機能分担で、うまくオプティマイズするかということが言われてきてるわけです。うちはそのような分野で40年くらい一生懸命やってきて、その結果としてシービジョンのような製品が生まれてきた。うちにとっては、ソフトもハードと変わらんわけ。基本的に物づくりと同じで、コンセプトを作って、設計して、それをどういうふうに製造するか手順を決めて、品質管理をやって……という具合なんです。

高知のエジソンと言われた垣内保夫さんに、「おまんらぁは目に見えんもので稼ぎやがって。オレらはちゃんとした物づくりをやっている」なんて言われたことがあったけど、そのように製造業に比べてソフトウエア会社はいまだにステイタスが低い。確かに、ただプログラムを組んだらお金がもらえるわけだけど、そこに甘んじてたらそれはソフトウエア会社の怠慢だし、おろそかにしてきたことだと思うんです。そんなことは将来自動化するわけで、問題はそうなった時にどうするの？ということが問われているのだから早く気づく必要があります。

小松：中谷会長から見たら、単なるソフト屋から目指してきた企業像、社風は大体でき上がってきましたか？

中谷：できつつあるが、まだまだ。僕は毎年、社員に年賀状を出しているんだけど、書いた言葉が15年間くらい同じだった。「変わる」「変わる」「変わる」……この言葉しかなかった。で、変わるのに15年かかった。今、やっと動き出したので、社員に言っています。「ちょっとだけうちも方向が変わりだしたぞ」。

それまで、うちはほとんど100％下請けでした。下請けといっても、設計から全部任されてやるわけだから、普通の下請けとは違います。僕に言わせると〝高級下請け〟。オムロン、ダイフク、三菱電機、いずれも45年以上の付き合いになるけど、大手とこれだけ長い間やっているということに自負を持っています。大手のソフトウエア会社であっても、うちのレベルになるのには10年以上かかるでしょう。そんなに簡単にできるものじゃない。でも、これだけじゃ企業はダメなんです。

せっかくそれだけのものがあるのだから活かしていこう、なんとか今までの技術の枠を集めた自社製品をやりたいと思って、この15年やってきた。測深機はニッチもニッチではあるけれど、3年で国内シェア・ナンバーワンになりました。それまで片輪でやってきたのが、ソナー「Sea Vision」が当たって両輪になった。そういう意味で、シービジョンができて、いま変わってきています。ちょっと動き始めた。地力が付いてきた。それを言い換えると、10年前に採った人材が動き始めたということでもあると思っています。

僕は強い会社を目指したい。大きい会社じゃないよ。そうではなくて強い会社にしたい。強い会社とは、技術的にどこにも負けんということ。例えば、最近開発した自動給餌システム「餌ロボ」、これは新型コロナの影響でこんな状態だからゼロかと思っていたけど、評価が高くすでに70台以上売れた。この2つの柱だけで今年は売り上げが2億円をゆうに超えた。その片方で、コンスタントな売り上げを持つソフトの商品群がある。もっと自社製品の比率を上げていきたい。メカもできる社員がいるし、機械設計もできる。電子回路はもともとできるから、全部内製で完成した商品をあと3つくらい増やしたい、と思っています。

ITを活かすには、自社が持つ技術に気づく勉強と新しい商品を先んじて作る精神と

小松：かつての高知県の情報産業は、IBMや富士通、NEC、日立といった系列下にある企業が多かった中で、独立系として、ソフトとハードの境界領域に軸足を置き、高知でこのように取り組んできた中谷さんの企業家精神を高く評価しています。その中谷さんには高知

県内の一般の企業に目を広げていただいて、どんなふうに見えていますか？

中谷：高知県人には坂本龍馬に象徴される進取の精神というのがあるけれど、それはどこにいったのかと思います。「よそがやったらやります」という金太郎飴のような企業が多すぎる。新しいものを先んじて作る、利用するという精神がどうもない。どうしてそうなのか？　高知の企業は中小零細でカネはないし、うちもそうやけど下請けや孫請けばかりで、最終財の機器メーカーなんて10社くらいしかない。ガリバー企業がないので、すそ野が広がらない。

そういう状況下で、まずは明日のお金を稼がないといけない、それはよく分かる。でも、もともと製造業の夢は、自社商品を世の中に出して、認められ、それを展開したいということ。そんな自立願望を口には出さなくとも、みんな持っているんです。簡単なことじゃないのは分かるんだけど、そんな中でもやらないとますますじり貧になっていく。もちろん、肝心の人も来ないし採れもしない。逆に、そういうことをちゃんと実行してる会社は成長していますよ。

小松：ＩＴの利用という点ではどうでしょう？

中谷：コンピュータもその一つだけど、文明の利器というのはいつの世も出てくるもの。かつて僕はコンピュータを売ってたことがある。訪問したある高知の経営者いわく。「あと5年か10年待ったらもっと安くなるんじゃないか、そのとき考える」。僕は「そんなことを言ってたら一生買えませんわ」と言い返した。その時それがいやだからというのではなく、便利なものはどんどん使わないと損だという考え方をもたないと、いつまで経っても文明の利器は使えません。

小松：情報化の指標として、インターネット利用率、ＩＴ装備率といったものがありますが、高知の中小企業はそれらの数値が低く、今でも企業とのやりとりにＦＡＸを使い、ＨＰを整備してない企業が多くあり、全国的に見ても情報化への取り組みが遅れています。これだけ好奇心の高い県民性にもかかわらず遅れをとっているのは、産業構造や小規模企業が多いこと、社長の高齢化率が高いことなどの要因もあるでしょう。しかし、こういう半島経済の本県こそ、本当はＩＴ化への対応がハンディキャップを乗り越える手法になるのですが、やっぱり動きは鈍いのが現実です。高知の中小企業がもっとデジタル化を推し進めるためにすべきこととは？

中谷：コンピューターを利用するには「流行っているからやる」というのじゃなくて、必要なのは、進取の精神、挑戦心、そして勉強です。同時にと言うかその前に、個々の企業の経営者がまずは自分の会社をどう見てるか、このままでいいのか、どうしていきたいのかという考えがないと絶対に成功しない。方向性がこっちと決まれば、こういう人材と設備が必要だ、と分かってくる。だけど、みんなが使っているからうちも使うなんていうのは失敗する。根本がちゃんとしてないといけない。「コンピュータの導入」とはそういうことです。

それと、自社が保有している技術に気がついてないという経営者が多いんじゃないかと思います。すばらしい技術を持っていて、うまくモディファイしたら面白い製品ができるのに、そのことに気がつかない。それは高知に限らず、全国のローカルがそうだとは思いますけど……。

小松：自社の技術に気がつくためには、どうしたらいいのでしょうか。

中谷：それは、やっぱり勉強するしかない。外の世界を知る、見る目を作る、ということでしょう。情報時代と言っても、知らん人は知らんからね。高知で「これはすごい」って大騒ぎして全国に目を向けてみたら同じような技術がいっぱいあったというのはよくある話だし、その逆もある。

小松：デジタル化が遅れている多くの企業の底上げも大きな高知県の課題です。

中谷：文明の利器をどう使うかで大事なのは、マインド。例えば行政が「ＩＯＴを使ってこう省力化した」とかの講習会をしたとしても参加してくるのは、もともと関心があって一定程度やっている企業。興味のない人に「やらんといかん」と言っても身につまされていなければ分からない。そういう人は取引先から「ＩＯＴをやらんと仕事回さんぞ」と言われたら必死にやりだす。でも、それでは遅い。

要するに、底上げをしようと思ったらマインド作りをどうするかなんです。経営者がこうしたい、こんなものを作りたいと意欲を持ったら、自動化せんといかん、ＤＸをやらんといかんとなってくる。興味が出れば、セミナーも自分で探すようになる、本も読むようになるんです。デジタル化を100社やってないとしたら1社でも挑戦する企業が出てくるようになったら、県の力を将来上げていくことになるはずです。

小松：最近は東京からＩＴ企業が高知に進出してきています。

中谷：彼らが欲しいのはオペレーター。人手の確保をしようというだけ。かつて急成長の時期にも、そういうのがあった。大手のコンピュータ会社が地方に拠点を作った。何のためかというと、人手を確保するため。なのに、それをまた地方が優遇した。彼らは東京で人手を確保できなくなったから地方に来る。それが地元の会社の技術のレベルアップにつながればまだしも、そこは目標ではない。そういう意味では行政の役割はものすごく大事です。

小松：世の中は、裏側で必ずコンピュータが動いているような時代ですが、かたや文科系の学生はあり方が問われているということが言われています。

中谷：ワープロはどうやってできているのか？　ソフトの技術屋がいくら集まっても、ワープロのソフトはできません。文系の人間が絡んで、文節とかをちゃんと設計できる人がいないと作れない。マスコミなどがゼロかイチかみたいなことを言うからおかしくなる。うちの会社は理系か文系かでは区別しません。男女はもちろんのこと、大学でコンピュータをやっているかどうかも選考の基準に入れてません。重要なのは、求められている思考ができるかどうか、そういう適性があるかないか、なんです。

コンピュータの技術屋は、人間のやりたいことをコンピュータにさせているわけ。もしも、会社の社長がセンサーのようなヘルメットをかぶって「いい案が浮かんだ」と思ったら自動的に動いてそれを形にしてくれるのならいいけど、今のコンピュータはそんなレベルじゃない。コンピュータにやらせたいことは、コンピュータの言葉で書いてやるしかない。コンピュータの言葉でプログラムするというのは、一種の通訳。だけど通訳は通訳でも、普通の観光の通訳と、政治家の通訳と、科学者の通訳とでは、それぞれまったく違う。学会で通訳するには科学を、政治家なら政治のことを勉強していないと、通訳はできない。それと同じで、ソフトウエアの連中も企業も、これからは自動車なら自動車に詳しいＳＥ（システムエンジニア）とか、そういう技術屋が登場してくるでしょうね。

その点、うちは完璧に分かれていて、電波、物流、リテール、それらを専門化して何十年もやっています。だから、やってない者にはそもそも用語自体が分からん。ある面で産業というのはセグメンテーション化して発展していくわけだけど、そのようになり始めています。

僕がこの世界に入った50年前ごろは何でも屋が重宝された。「どんなソフトウエアでもできる会社です」が営業トークだった。今は、技術屋で何でもできますというのは、まず信じないようにしている。世の中がこんなに大きくなってきたのに、そんなの、あり得ないから。それより、「うちはいろいろはできませんけど、これだったら自信あります」というほうが信用できるんです。

地域の企業として地域の役に立つシステムを構築し、高知県の経済を盛り上げたい

小松： 100年先は読めないにしても、30年後に人間とコンピュータの関係はどうなっているとお考えですか。

中谷： 未来学者じゃないから、それを言うのは難しい。ただ、今のＡＩは使い方を間違えないように祈るのみです。僕は、ＡＩを社会システムに組み込むべきじゃないし、公共のインフラとかに投入するとまずいことになる、と思っています。

というのも、ＡＩというのは統計学だから。今の科学者の大半はＡＩを技術として認めていません。そりゃ、そうです。なぜこの結果が出てきたかをＡＩは証明できないんです。例えば将棋で、ＡＩがある手を打った。しかし、その差し手がなぜ採用されたのか説明できない。作った本人が説明できない。「これは何なの？」が説明できない、そんな技術なんてあり得ない。結果が出たら、なぜこの結果が出たのか必ず証明できる、これが科学技術です。そんなシステムを社会インフラに導入すると、もしトラブルが起こった時に修正のしようがなくなる、大パニックになる。

一方、ＡＩは中国五千年の易学と同じで、ＡＩにはＡＩのメリットがある。易学というのは何千年にもわたるいろんな条件ややり方が取り込まれていて、その膨大な情報の結果とし

て人生や運勢を占います。何千年のデータの集積を人間の頭で蓄積した結果だから、「何年何月生まれのあなたの基本的な性格は？」に対し易学で占ったことがまんざらハズれない。ＡＩは易学と同じ、そこを間違えたらいけない。ＡＩは Artificial Intelligence の略だけど、「人工知能」なんて訳すから間違うんです。

ＡＩは、なかなかアルゴリズムしにくい。アルゴリズムというのはフローチャートでちゃんと書けるということだから部分的なところで使うのはメリットがあるけど、全体的に運用していくというのは危険なんです。もし世の中全体がＡＩになったらどうなるのか？　人間みんなが同じ行動をするようになってしまう。それでは何のメリットもない。今はまだ始まりの時期だから、ＡＩを使っている企業と使っていない企業の差がついているけど、みんなが使いだしたら、ＡＩは平均値しか出さないから、みんなが一緒になって全く面白くもない世界になる。ＡＩは単に統計に過ぎない、だから何も恐れることはない。恐れるのは、社会が全部そうなること、差がなくなるということ。データがデカくなっていけばいくほど同じ結果が出るわけだから、そんなもので企業が行動したって意味がない。むしろＡＩを使わないところが大もうけしたりする時代が来るかもしれない。

まあ、人間はもうちょっと賢いし、だれか警鐘を鳴らす人も出てくるだろうし、そうはならないと思うけどね。

小松：測深機では日本でナンバーワン企業になったし、探査技術のレベルが高い。パシフィックソフトウエア開発としては、今後ともソフトとハードの境界を攻め続けていくということになりますか。

中谷：もうちょっと世の中の役に立つ商品をやっていきたいと思っています。とくにうちは地域の企業だから、このままだと高知県は傾き続けていくだろうし、流出する人材にも無頓着なので、地域の役に立つシステムを構築し、あわよくば高知県の経済を上げる方向にできたらうれしいな、と考えています。

そのためにも僕が社員に言っているのは、会社が傾くようなことはダメだけどトントンですむくらいなら、地域に貢献することは、まずやって、あとで報告ということでもいいよ、やり方も分相応に果たしていこうね、ということ。だから、企業の成長とともに、その貢献の枠は大きくなっていくわけ。うちで働いている80名くらいの社員は100％、高知県の人材です。県が莫大な税金を投入して幼稚園から小学校、中学校、そして医療費とか、高知の資源を使って彼らは育ってきた。うちは、その人たちを使って会社を経営しています。地域に貢献するのは当たり前の話です。

コロナの問題も同じで、個人としてやるべきことがある。今まで社会がわれわれを守ってくれた。今度は社会が危機状態になっている。だから、社会を守る行動を個人がしなくちゃいかんだろう、これも当たり前なんです。

生き抜くポイント6

デジタル化（IT化）を取り入れていく

高知県の産業はこれまで、地理的な制約から半島経済の宿命を受け入れた、誰もがやりたがらない作業であったり、市場が小さなニッチ分野の業務であったりと、その制約に適応した企業が生き残ってきました。

今後も同じ方法しかないのかというと、そうではありません。日進月歩するIT化の進展が状況を一変させているのです。インターネットは世界中を瞬時に結ぶ魔法の装置となりました。それは、高知県のような条件不利地である地域こそ、その恩恵を受ける仕組みでもあるのです。さらに、人口減少が続き恒常化する人材不足に対応することを求められている中で、生産性向上の大きなツールになっています。

このデジタル化に果敢に取り組み、対応した企業から、高知らしく料理して事業活動に活かしている企業が生まれています。全国に比べると情報のインフラ基盤が弱いということがあるとはいえ、ITをどう使っていくのか、一社一社が向き合っていかないといけない課題になっています。

夢を追いかける―

見て、触って、食べて、つながる、
漁師がつくる水族館を目指す

松尾 拓哉

漁船・遊漁船「海来」船長

1990年、大阪出身。幼い頃、室戸の海に魅せられ「漁師の水族館」を作るのが夢に。関東、近畿の水族館で経験を積んだ後、2015年に室戸市へ移住。漁師を生業にしながら、深海生物の移動水族館や深海漁に触れる体験漁業などを実施している。

室戸の海と魚が人をつなげてくれ、僕に夢とか目的を与えてくれた

小松：なぜ松尾さんがこれだけ地域の人に愛されているのか、その理由として小さい時からここへ来るまでの話が面白い。

松尾：夢を持つきっかけは、3歳の誕生日に親に熱帯魚をもらったこと。もともと子どもの時から生き物が好きで、生き物と関わる仕事に将来就きたいなという思いがあったんです。小学3年の時に、父親の知り合いの実家が室戸にあって連れてきてもらいました。最初から地元の漁師さんにサメとかエイとか珍しい魚を見せてもらったり漁業体験をさせてもらったりしたんです。それだけでなく、カメの手、貝、マンボウ、ウミガメなど地元でしか食べられてない魚がけっこうあって、お昼から漁師さんが地元ならではの食べ方を飲みながら教えてくれ、食べさせてくれた。魚単体というより、魚の扱い方を伝えて教えてくれたっていうのがすごく印象に残っています。そのことで、室戸には珍しい魚がいる、美味しい魚がいる、ということに気づいたんです。海がきれいで、魚もいろんな種類がいて、あ、だったらこの室戸で何か自分が生き物に携われる仕事をしたいと思うようになりました。

何回か室戸に来て海や漁師さんの仕事を見てるうちに、僕は漁師さんになって、地域の子どもたちや県外の人に獲ってきた魚を見せたり、漁業のすばらしさを地域の文化も含めて紹

介したいな、そのことを発信するには水族館を作ることが一番自分ができることじゃないかな、という想いが生まれました。ただ見るだけの水族館じゃなくて、食べられもするような、見て触って食べることができる水族館を作りたいという想い、それがスタートです。

小松：人と人のつながりを自然が教えてくれたっていうのが、松尾さんの原点。その考え方が、室戸の人、高知の人、というより佐喜浜の人たちの中にあったということ。

松尾：1人で居がちな僕に、コミュニケーションをとることを教えてくれたのが、この室戸の自然。子どもの時から学校が嫌いで、学校に行かずに、いろんな山や川に遊びに行ったりしていたけど、室戸の海や魚が僕と人とをつなげてくれた。漁をしながら暮らす人たちが自分に夢とか目的を与えてくれた。そういう想いがずーっとあって、僕は小学3年の時から、一つのゴールとして水族館を作るという目標を立てて、自分のストーリーを自分の中で作ってきた気がします。

小松：それにしても、よく小学校の時に描いた夢を持ち続けられたね。

松尾：中学生になっても何度も室戸に来て、ずっと漁師さんの仕事を見てきました。実際に沖にも出てみると、毎日毎日いろいろ違う海の環境が見えるんです。それに、いろんな漁師さんや地域の人が、ほんまに将来、僕が大きくなって水族館を作るんやったら「こうやってやったら面白いな」って語ってくれ、教えてくれた。実際にそう言うてくれたので、本当の想いに変わったというか、想いが深くなっていったという感じです。

小松：そんなに海の表情は毎日違う？　それを見てると楽しい？

松尾：毎日違うから楽しいんです。自分が見てきたもの、それを伝えたい。そのことで、お世話になった人たちへの恩返しになるかな、それが室戸をＰＲしていくことになるかな、と。

室戸に水族館を作る目的は、地域の子どもたちにしっかり地域の文化や海を紹介していくこと。あとは、作った水族館に入館してもらうのはもちろんですが、周りの地域の企業さんとコラボして一緒に室戸を盛り上げていくこと。僕自身にそういう夢があるということを周りに伝えるようにしていたせいか、周りの方には自由にさせてもらっていて、「それ、難しいやん」って言われても、「僕は絶対、最終的にはそこまでもっていきたい想いが強いんや」って言い続けてました。それで、親も子どもの時からわりと自由にさせてくれたし、室戸への送り迎えもしてくれたんだと思います。

小松：これだけ強烈な想いをずっと持ってやってきたから、いろんな困難に立ち向かっても乗り越えてきたっていうのが本当の姿ですね。

松尾：想いが変わらないので、すぐ忘れるんですよ、いやなことがあっても。

夢を実現するためのストーリーを作る

小松：一番最初に泊まったのが「徳増《とくます》民宿」、室戸に来た時はもうずっとそこ。

松尾：夏休みや冬休みにバスや電車を乗り継いで1人で来て、民宿にお世話になりながら、港に水槽を置かせてもらい魚を生かせてもらって、休みの終わりに親に迎えに来てもらった。父の車はホンダのオデッセイで、農業用のオレンジ色のタンクを積んで来るんですけど、帰る時は後ろが下がってました。当時は水族館や業者とのつながりもネットの発達も今ほどなかったので、本を見ながら自分でどうやったらいいかなーって考えながら試行錯誤してやってました。輸送する時かて、ちょっとしたことですけどエアーの量とか、今だったら業者や水族館とかに「こうしたらいいよ」と教えてもらえ、もっと簡単に道具を揃えることができたのに、けっこう大変なことしてました。だから失敗も多かったです。

小松：夏休みはいつから来て、いつ帰る？

松尾：だいたい1か月以上はいたと思います。サメ、ドチザメ、エイラクブカというサメ、エイ、アカエイ、ハリセンボン、タイ、アジ、グレなど、珍しい魚を大阪に持って帰っていました。この中で一番でっかいのはドチザメ。最初に飼育したのがトラウツボ。当時、家に1m50㎝のFRPの水槽を置いてやってました。

生き物を大阪に連れて帰って、飼育して、餌付けて、自分で調査してやっていくっていうのが、もう一つの楽しみ。獲った生き物は弱ったりするので治療したり、餌付けは簡単にいかないので工夫したり、そういうのにも魅力を感じていたんです。ふつう大阪や都会の子どもは、ペットショップで熱帯魚を買ったりとか、男の子って僕らの時はそれにはまる時代があったんです。実は生き物って、獲ってきてペットショップに卸され、売られるまでに治療したり餌付けたり、いろんな工程があるんです。室戸は魚種が豊富なので、飼育する技術を身につければ自然の生態系が見えるようになるんとちゃうかな、と思いました。

中学校の時も学校には行ってなかったんですけど、行っても教室では席の一番後ろじゃないとだめとか、人前で話すのはいやでした。でも、教頭先生が「大阪でも自然に関われることとして学校に来い」って言うてくれはって、その時たまたまあった文部科学省のビオトープという自然の池を再生するプロジェクトを企画させてくれ、先生やPTAの方に、中学生なんで大したものではなかったですけど、パワーポイントを使ってプレゼンさせてもらいました。でも、そういう発信をしたいっていう想いは中学校の時からあって、発表することはけっこううれしかったんです。自分がやってることを人に発信して、なおかつ喜んでもらう、発見してもらえる、それでコミュニケーションが生まれるじゃないですか。僕がコミュニケーションをもらって、その次に僕がいろんな人とコミュニケーションする。これ、全部つながっていくんじゃないかなと考えるに至ったのは、学校の先生のお陰もあるんです。

今の時代、僕みたいな子もいたりするので、学校に行かんくても外に出て、いろんな人と話をすることで訓練になるし、そんなん気にせんでもいいんやでっていうのを、僕が行動、発信することで伝えられればな、と思っています。

小松： いい教頭先生がいたし、松尾さんも人とのコミュニケーションをしっかりとっていた。

松尾：学校へ行けんというのは正直、しんどかった。だから、大阪おるんも嫌やったからこっちに来てたっていう面もある。

小松：自分の役割をここへ来て見つけることができて、松尾さんの未来が拓けた。役割があるっていうのが大事。今の時代、いろんな人たちがいる中で、自分の役割を見つけにくい。だから引きこもりになったりする。

松尾：集団生活やと、ヨーロッパに比べたら個性が伸ばしにくい、個人が活かされにくい教育環境なんじゃないかなと思う。いいところを伸ばす教育ができてないから、今の現状に悩んでる子も多いし、だから変わった子たちが浮いていくということもある。自分はそうじゃなく、今は個人を活かせてもらって、できてるということがあるので、それをそのまま発信してくことでプラスになれると思う。

小松：中学校を卒業してからは？

松尾：高校は単位制の学校に行ったんです。学校が嫌いやったっていうのもあったんですけど、僕がたまたまビオトープを作った時に、ボルネオで鎮守の森づくり、苗木の森づくりをやってる環境の業者さんと仲良くなったのがきっかけで海と森がつながって、森の勉強もしたくなって、知り合いが行ってた造園土木の現場で働かせてもらうようになったんです。そこで、森の勉強、木の勉強や、土方の勉強、配管を組んだり設備の勉強もしました。その後、大学行かずに水産系の専門学校に行きました。だいたい学生時代は、ここに来るためにどういうストーリーを作ろうかということばかりで、好き勝手やってきた気がします。

小松：やっぱり経営者にはその人となりのストーリーがあって、そのストーリーの中に秘訣というか、秘密がある。

移住というキーワードを使い、室戸の海を面白い発見の場所にしたい

松尾：専門学校を出て、深海の生き物を勉強したくなって、関東で最大級の水族館・茨城の大洗《おおあらい》水族館で働きました。大洗水族館の副館長とは一緒に仕事をしたことはないんですが、いろんな会やシンポジウムでドライバーをしたり飲みに行ったりしてたんです。それがきっかけで「おもろいやつやんけ」って気に入ってもらい、飼育だけじゃなく企画にも呼んでもらって、着ぐるみ着てゆるキャラ相撲に出たりとかしてたので、水族館の人は印象に残ってるみたい。大洗は1年4か月しかいなかったんですが、今もつながりが残っています。

小松：大洗は1年くらいで、それだけの存在感があった?

松尾：そのあと今度は、小さい水族館を勉強したくて、それと移動水族館の技術も勉強したかったので、大洗の副館長とつながっていた和歌山の水族館に行かせてもらったんです。その水族館は徳島の牟岐町に姉妹水族館を持っていたことが縁で、3年後には徳島の牟岐の水族館に移りました。僕は中学校の時から室戸に来てた網業者さんと仲良かったんですけど、

その人が徳島の定置網も見ていて、徳島の漁師さんの船に乗らせてもらったりしていたんです。その漁師さんのところに牟岐町の水族館の人がちょこちょこ来てて、そのつながりで行くことになり、牟岐町には3年くらい住んでいました。

小松：それから、いよいよ室戸へ来ることになるわけやね。

松尾：実は、長男が今年で6歳になるので、6年前にもう結婚していたんです。奥さんとは専門学校の時からの付き合いで、今は専業主婦ですが前はイルカのふれあい施設で働いていました。結婚する前、何回か室戸に連れて来てはいましたが、ただ「室戸に行く」っていうのは会社に退職願を出してから言うたんで、反対する間もなく押し切った感じでした。めちゃくちゃですよね、嫁には感謝してます。

小松：小学生の頃からここで親しんで、漁師のおっちゃんたちとも付き合っていて、子どもの時だけかっていうと、大人になってもその信念一途にやってきて、奥さんも来て子どもが3人できた。こういうふうにやってると、そりゃあもう、ここの家族、地域の子ですよ。

松尾：「ほんまに来た」「まさか来るとは思わんかった」って言う漁師さんも未だにいます。でも、子どもの時から自分がこういうことをしたいということを言ってきたから、今できてると思うんです。そうじゃなく、もし単なる移住だったら警戒されて新たなことをやろうとすれば反対もくると思う。それが少なくて、逆に応援してもらえる。不思議なのが、僕の親世代の人が息子みたいに応援してくれること。同世代の漁師さんも「お前はこうやって俺らのところに来てくれて俺らと一緒にやってくれるのがうれしいから、お前の夢を応援する」って言ってくれる。そういうふうに見てくれてるのがうれしくて……。そういう意味で、移住してきたという意識は他の人に比べたら少ないと思うけど移住してきたことには間違いないので、移住はキーワードでもあるし、それを利用して発信していこうと思ってます。

小松：移住というと、地域からの軋轢《あつれき》があって、帰ろうかなとかトラブルが起こるのが常。だけど、松尾さんの場合一切なしで、これだけ愛されている。で、移住の名前を使って自分をPRするものに使っている。このしたたかさがすばらしい。

松尾：今度、保育園と小学校と中学校で合同運動会があるんですけど、今年オオグソクムシで盛り上がったから、親子競技が「オオグソクムシすくい」になりました。

小松：深海生物が運動会の競技名になった……。

松尾：そういうことをみんなが楽しんでくれはるんで、地域のお母さん方も僕がこうやってメディアに出ることを楽しんでくれはるんで、その辺はありがたいなと思います。室戸市も、漁業者や移住者を増やしたりするのに僕を広報に使おうとしてるみたいです。僕も割り切ってPRできるような人間になっていこうと思ってます。

小松：ただ、そういうふうな想い、将来そうなりたいという想いがあったとしても、よく移住するという判断をしたと思う。

松尾：確かにここは寂れてて人口も減少していってるんですけど、その分自然が豊かで、都会の子どもたちからしたら、すごく面白い発見が毎日ある地域なんです。それは地域の子どもたちにしても同じで、海を知らないので、そういうことを発信すると、みんな喜んでくれたり感動を与えられたりするんじゃないか、という想いがある。もちろん、いきなり水族館を作るというわけにもいかないので、まず漁師になって沖に出て、自分でいろんな魚、いろんな生き物の生態とか住んでる環境を見てみたい。

魚に触れて食べられる水族館 —— 漁業、産業、ジオパークと連携し盛り上げたい

小松：将来の夢は水族館、それを目的にずーっとやってきたわけだけど、どういうふうにそこへもっていくのか、その構想がないと、こんなに強くはなってない。

松尾：描いているのは、深海生物をメインにして、海洋深層水を始め室戸の第一次産業である漁業を発信でき、地域の産業や資源を最大限に活かすことができる水族館です。ジオパークとも連携して室戸の地質も発信していくつもりです。ジオパークに登録されるような地形があるからこそ海洋資源が豊富なわけで、そのことで地元の産業が成り立っているストーリーを見せられるような水族館を作りたい。それは、教育できる水族館でもあると考えています。

小松：規模や場所はもう決めてる？

松尾：大きさはそんなに大規模じゃなくていい。場所は海洋深層水が汲める高岡のあたりはどうかなと思っています。海洋深層水を使わないと、何のために室戸で水族館をつくるんやということになる。

僕が狙うコンセプトは、海洋深層水が汲み揚げられる環境にいる深海生物。そのコンセプトはジオパークに登録されている地形のストーリーに全て合うんです。深海があって、食べられる魚が獲れる、しかも他の地域より獲りやすいというストーリーが全部できるので、そこをベースに作っていこうと考えています。

小松：魚に触れて、食べられて、いろんなことができるって、いま水族館に一番求められている体験なんだと思う。その運営は？

松尾：田舎の水族館を民営でやろうとなると、企業の出資を得たとしても維持管理費もかかるので、水族館自体の収益は多分上がらない。それで田舎の水族館は県、市、国の行政が作ることが多いんですけど、お客さんが水族館でお金を落とすというだけでは苦しいので、他の飲食店や宿泊施設、観光地を回ってお金を落とすというのを目標にしてるんです。最初は、産官学でそういう取り組みができたら一番いいかなと考えています。

小松：定置網で市場へ出せない魚を活かす構想もあるとか？

松尾：サメ、エイなどがそれです。定置網の人は子どもの時からずっと知ってますし、定置網で獲れた魚を販売していこうというビジネスの夢に漁師さんは今ちょっとは期待してくれてるみたい。できれば水族館に魚を販売する中間会社みたいなものを作って、今まで活用されてなかった海洋資源にスポットをあてていきたいと思っています。その想いを知ってくれ、定置網の漁師さんも知らないものが獲れた時に、「なんやろ?」って聞きに来てくれるし、「変わったものが見れるおもろい場所作れや」って、みんな自分の夢みたいに楽しみにしてくれています。周りの漁業者の人には、いろいろやっていかなあかんなという思いがある人が多いので、自分の好きなことで周りを巻き込んでやっている感じです。

世界全体が持続可能性で動き出している流れにはまっている

小松：漁をする200~400mの深海にはどれくらいの魚がいるんだろう?

松尾：室戸の深海の生物は100種類は超えてあり、名前がついてない海生生物もいます。

小松：水族館は大ブーム。深海生物を欲しがっている水族館はどれくらいあるの?

松尾：深海生物も今ブームなので、欲しがってるのはほぼすべてと言っていいと思います。僕がやろうとしているのはちょっと特殊で、自分が獲ってきた、日本でまだ飼育されてない珍しい生き物を中心にやっていきたいな、と思っています。水族館が僕の船をチャーターして行ったり、共同で研究したり、そういうのを目指しています。

物流の目で見ると、室戸の漁業は、どんと獲って、どんと出荷。東京とかに。ただ、その物流のやり方はどこでもできるし、漁獲量が減っていくので、みんな将来が不安。それなら自分ができる新たな特殊な資源開発をして、ちょっとでも付加価値をつけて最小のロットで小売りで出せる仕組みを作っていく。加えて、見たい人に地域に来てもらう。それが円滑に回るような仕組みを作っていければ……。

漁獲量が減っていくと国も言ってますけど、実際減るかどうかわからない。突然、中国の巻き網漁がなくなって増えるかもしれないし。漁業資源が減っているのを逆に使ってビジネスができる、というのを見せることができる時期に来ている。やっと今スタートに立って、さあこれからという、正直、大変な時期でもあるんです。

小松：高知県の産業構造の中における一次産業はGDPで見ると、農業を含めて4％しかない。でも、それを運ぶ運送業などサービス業があるから、産業の引き金になる産業でもあるんです。だけど事実は、一次産業でたった4％で、水産業だけとると1％以下。高知の水産業は遠洋のカツオ・マグロが占める割合が大きく、ところがそれは別の港から揚げるので、波及効果である運送業には及ばない。そうなると、カツオのたたきにしても、焼津などから持ってきた冷凍ものを高知で加工するという水産加工産業になっている。

こういう現状を背景に、高知県は浜の機能が壊滅的になっている。新規漁業者を作ろうとしてるけど、松尾さんも船の確保に1年待つハメになるくらい、難しかった。もう少しお金があればまだしも、水産に大いに希望があるように見えるかというと現実にはなかなか見えづらい。愛媛県の場合はそこへいくと、まだ浜ごとに機能が残っている。エサがあったり氷があったり浜の機能があるとそこへ集積する効果が生まれ、そこで誘発できるものが、水産加工にしても何にしても、そこへ形成される。高知は浜に市場があるところがほとんどないので、そこから運んでいくというのが少なくなっている。佐喜浜に定置網があるけど、もちろん市場が成立してない。

松尾：佐喜浜は大敷に関して、昔の方が浜の機能は漁協も統括できていてよかったけど、今はどんどん落ちていっている。まちの人はほぼ全員が定置網の会員で、大敷の若手自身がサラリーマン漁師なんですけど、それでも減っていっている。佐喜浜の大敷は当時みたいに上がることはまずないけど、水揚げもあるのでゆっくり下がっていく状態をキープするのが精いっぱいじゃないでしょうか。やり手がいないという後継者不足は絶対なので、20年、30年すると、がたんと落ち込むことが見えてるんじゃないかなと感じてます。でも僕は、佐喜浜だけにこだわるのではなくて、高知県東部、室戸全体で考えていかないとと思っています。

小松：後継者がいないというのが、どの産業もつらい。後継者をどう作り出すか、新規就業者に対して、漁船リース事業を始めいろんなものを貸与しながらやっているものの、現実にはその産業に未来がないと、希望の持てるビジネスモデルがないと、なかなかやりづらい。

その点では、ウルメを手で釣ることで付加価値を付けるという従来のものにプラスしていく旧来の水産業のモデルの延長線上でやっていくのもありだけど、全く新しいベンチャー水産業という形の、新たな水産モデルが生まれてこないとやっていけない。それをブレイクスルーするのは、松尾さんが考えてるようなビジネスモデル、そうじゃないと水産業でクラスターの真ん中にいるのは難しい。近海で獲ってきたものを活かす、海生生物全部をお金にしてしまうという形で、これだけやっているのは高知県の産業界を見渡しても他にない。こんなすごいモデルはない。

松尾：ありがたいです。ちょっと変わったことやりたいな、衰退してきた漁業をちょっとでも盛り上げていきたいな、と思います。深海生物を活かすモデルは、今のご時世、ＳＤＧｓもそうですけど、世界全体、地球全体が持続可能性で動き出しているのにはまっているんじゃないかと思うし、10年、15年後にそこまでもっていければなと思います。

でも現実は、いざ水族館を作るとなると、実施計画を作って、大手企業に設計を発注してからだいたい10年かけるんです。だから逆に、僕の構想ぐらいだと短かすぎるんです。

室戸の資源・海洋生物に付加価値を付け、売れる仕組みを作る

小松：深海の生物をキーワードにして、これからのどう展開する？

松尾：ソフト面では今、移動水族館事業をしていて、深海生物を連れて行って小学生の子どもたちなどに伝えていくことをしています。簡単なところだと、オオグソクムシをふるさ

と納税に出したり飲食店にも出したりしています。それは、室戸のいろんな深海生物を、単体で出して、PRしていく取り組みで、室戸の発信になっていると思います。あと、ホエールウォッチングもしますが、自分ができることとして実際に触って見てもらい深海の魅力を知ってもらうため、「海来《みらい》」に乗って深海生物を獲りに行くツアーをします。沖に2～3㎞、水深は400～500m。カニかごを入れて、機械で引っ張り上げる。獲れたものを選別し、港で試食会をやります。定員は10名。税別で大人が1万2千円。中学生以下が半額。深海生物に興味のある子が対象。好きな子はすごく好きで、今、深海生物の図鑑が出てるくらい子どもに人気なんです。捕れるのが0《ゼロ》の可能性もあるので、そんな時は畜養してる施設を見てもらい食べてもらう。海洋深層水を入れる畜養の施設は簡易的なものですが室戸市に貸してもらって、高岡にあります。そこも来年度、室戸市に頑張ってもらおうかなと。

小松：これからは大きな買い物をしないといけない課題がある。それには順番がある。まず畜養するための機械、道具。畜養施設って高いので、資金を借りてやらないとできない。次は運ぶための専用車。そのトラックは1千万円を超える。それは今の経営では購入できないので、それをいつの時点でどうするか。それによって、会社のあるべき姿が変わる。今は個人事業でワンオペだけど、松尾さん一人ではできんなる。法人化しないといけない。そして、人を雇用していかんといかん。どういう人を雇用しどう使っていくのか、時期をいつにするのか、さらに一人でやるのと雇用者がいるのとでは経営の手法が違う。雇用すればその人にずっと給料を払っていかなければいけないのでマネジメント、お金のことはきちっとやらないといけない。問題は山のようにある。その順番づけをして、いかに合理的にやっていくか。手順を間違うと、いろんなことが起こる。サポーターは、早くこれしたらいいあれしたらいいっていろいろ言うけど、優先順位をどう描くかというのが経営なんです。

松尾：お金のやりくりとかは超弱いです。お金はすごい無理を言っていろんな人に借りてるので、ちょっとでも返さないといけない。経営というより、根本には人と人とのつながりがあるので、つながって、いろんな人から情報やアドバイスをもらってやっていくしかない。

小松：一番心配しているのは、たぶん松尾さんはこれから先成長していくので、いろんな媒体に名前が出たりするだろうから、足を引っ張られることがないようにと願うばかり……。

松尾：室戸は大丈夫やと思います。子どもの時からこういうことをすると言いきってるし、実際それだけなんで。

小松：経営のことを考えると、こだわりとお金を儲ける仕組みが合うことがポイントだけど、松尾さんは原理原則がぶれない信念を持っているので、そこは大丈夫。ただ、お金のことは慣れてないので、これから館長になる夢を実現するためには、そこは嫌でもやっていかんといかん。

松尾：今考えてるのは、自分の将来やりたいための磨き上げをしながら、なおかつビジネスにつなげていくのをやろうと思っていて、水族館にも生き物をどんどん売っていく。移動水族館も企業にも売っていくのをやろうかなと。その辺は試行錯誤しながらです。僕がこういうことをやりたいっていうのがまだまだ知られてないので、自分の技術を磨きながら浸透させ、室戸だけじゃなく四国全体に発信していこうと思っています。

小松：今はとにかく「海来の松尾」の名前を売ることが全てに優先される。名前を知ってもらわないと、何をやってる松尾さんかを知ってもらわないと。とにかく目立つことが大事。

海来《みらい》の進水式――ただ好きなことをやってるだけなのにみんな来てくれた

小松：漁師の水族館が当初からの夢だったし漁師と共に育ったので、コピーとしては「漁師が作った水族館」「漁師が企画コーディネーションした水族館」が松尾さんに向いている。

松尾：ずっと佐喜浜と接していたからできることだとは思うけど、ふつう漁協を通して仲買人が買うシステムなのに、今は漁協に魚を卸さずにやってる。漁協さんも「やってみ」って背中を押してくれ、「それがひょっとしたら漁協の新たなビジネスに生まれ変わるかもしれん」とさえ言い、今は自分に対して期待を持ってくれている。その期待を裏切らないような動きをしていかないといけないと心しています。

小松：地元の人を含めてたくさんのファンを持っている。マスコミの人にもファンが増えている。ほんとに人たらし。これはまさに徳島の「彩《いろどり》」の横石さんがそうであったような形になってるので、必ずそうなる。僕は心配でたまらないけど、よくここまで来た。5月の進水式もいろんな人に祝福されてできたのはよかった。

松尾：進水式も小松さんにだいぶ助けていただきました。昔は漁業も盛んで、個人の船でも進水式や餅投げ、祝賀会をしていた。でも、ここ何年かは定置網の船さえしてなくて、やるのは大きい法人のマグロ漁船くらい。それなのに個人でさせてもらった、みんな「久しぶりに楽しい進水式ができた」って言ってくれた、それがうれしくて……。大敷の漁業関係者も来てくれたし、地域の人もすごく喜んでくれ、「松尾はやっぱりおもろいな」って。「大丈夫か？」って言ってた漁師さんも「深海生物、持ってきたるわ」って言うてくれた。僕はただ好きなことやってるだけなんだけど、それだけで結局、人と人がつながっていくんちゃうんかなって、新たに感じました。

小松：大パーティーやった。餅投げやったら、佐喜浜の住民がほとんど集まってくる。その後のパーティには、地域のみなさんが作ったものを持ってきてくれた。その意味では、松尾さんが今していることは地域にさせられている面もあると思う。

松尾：大きいこと言ってもできひんと思うし、ピンポイントで決めながらやって、なんとかやっとるな、ぐらいのレベルでやっていけたらと思ってます。

小松：これからは、運搬するトラックは海来が持たないといけない。自分で持つことで自由度がもっと上がる。多分これから、海遊館や大洗、いろんな水族館で、あの魚が見たい、食べたい、それは海来が納入している魚、となっていく。

松尾：静岡や関東は最新をいっていいます。ただ、漁師がやってる業者がないんです。僕自身は研究もしているし、どちらかというとアカデミック寄りなところを目指してて、そういう業者は日本でも世界でも片手くらい。なおかつ、自分で水族館を作る、というのはほとんどいないと思う。だからちょっと特殊。

小松：将来、室戸沖の海洋深海生物という本を出すことになる。いや、出さんといかん。

松尾：僕は自分自身でというより、室戸の海を研究者や水族館の人と一緒に調べて、地域の子どもにこんな変わったのがおるんやでっていうのを共同研究で紹介していきたい。調査・研究はそれぐらいのレベルでやらんとできひんでって言われるし、それは前にいた水族館の人が助けてくれている。今もわからん魚を写真で送ると、すぐ国立科学博物館に出してくれて、名前がわかる。めちゃくちゃありがたいシステムです。

小松：本などにまとめると、メンテナンスとか畜養の技術が松尾さんの世界になってくる。

海へ出る船の購入が1年遅れ、やりたいことができない悔しさ

小松：ここまで決して順風満帆ではなかった。しんどかったのは、漁船のリース事業が1年延びたこと。これは松尾さんにとっては一番痛かったね。

松尾：僕が研修を始めた3年前、県の制度を利用して漁船を買うはずだったんです。それが、就労して半年後に国の制度に変わって、制度自体はよくなったんですけど切り替えがあったため、みんな分からない状態になってしまった。行政は縦割りなので連絡系統がうまくいってないうえ、その制度は漁協、県、国、市といろんな機関がまたいでいたので、担当者もあたふた。そこへTPPの解散が重なって、その年に補正予算がつかなくなってしまったんです。それがたまたま僕のタイミングだったということだったと思うけど、新規就業者の僕ら3、4人が影響を受けました。

小松：想定外の1年の遅れ、収入を得る術がなかったから実は大変だった。バイトもしたけど続かない。仕方がないので、親ごさんからお金をもらうハメになった。それは心中、いろんな思いがあったと思う。奥さんも子どももおるし……。

松尾：毎月、親には事情を説明して、「今月こんだけ足りんから助けて」って援助を頼んでました。定置網に乗らせてもらって獲ったものを売ることで生計を立てたり、移動水族館もちょこちょこさせてもらったり、他の水族館からの助けをもらったり。その年はやりたいことがあって、ちょっとでも顔を売る年にしようと思って動いたんですけど、それがまさにブームのさ中、先にやったもん勝ちの時にできないっていうのがすごく悔しかったです。金銭面でもそうですけど、やりたいことができないことがすごく悔しくて。

小松：二つ日としては、その間、ある会社とビジネスマッチングのチャンスがあった。そこに裏切られる事件があった。

松尾：県がキンメダイの活魚をやりたいということで、業者を紹介してきたんです。それをできる人間が漁師側には僕しかいなくて。一つは水族館の設備とか車とか造ってる会社で、仲良くなれたんです。もう一つの業者がよくわからなくて、詐欺とまではいかないけど地域の人とのつながりが悪くなりかけました。その業者は、地域にいる僕を使ってビジネスをしようとしてあれもこれもとこっちに振るだけ振ってきて、自分も動いたんですが、向こうもそこまでお金がなかったり、人の動かし方がわかってなくて、よう形にできなかった。

小松：松尾さんに集荷をしてもい、代理人になってもらおうとした。

松尾：仲買人さんみたいになってって言われた。僕もお金がちょうどない時期に言われたので、共同でできれば面白いかなと思ったけど……。浜のこと、地域のことを理解せずで、ただ僕を広告塔として前面に立てようとしたんで、やめました。

小松：お金の面では本当は惜しかった。だけども、地域の信頼を優先して判断したのは当然だった。でも、いい経験になったし、実際松尾さんはそういう人になってくる。その時に、自分自身を律してないと流されていく。

高知は頑張る人が室戸にいて清水にいて山間部にいて、いるにはいるが目につく人が少なくて、みんなばらばら。そういう人たちを成功者にしないといけないし、そうしないとみなさんついてこない。頑張るみんなを成功者に仕上げて初めて、高知でも頑張れる。佐喜浜の人、室戸の人の多くが、うちには未来がない、希望が見えないと手を打たないでいる。いやそんなことはない。「私が元気にしてやる」っていう人を大事にして、そういう人が「ほら見ろ、ちゃんとなったじゃないか」という姿を見せる。それが我々の仕事でもある。夢に向かってチャレンジしじゅう人を、成功に向けて歩みゆう姿を、人に影響を与えるくらいまでに持っていきたい。松尾さんは行政を動かすようになってくると思うし、自然とみんなで一緒にやっていく体制になっていくんじゃないかなと思っています。

自分が好きなことを通す、周りが笑顔になればいい

小松：室戸全体でいうと、こんな室戸になったらいいというのはある？

松尾：きれいごと言えば、室戸や高知の活性化ですけど、ぶっちゃけ僕は自分の好きなことしたいだけなんです。自分の好きなことをして、周りの人がちょっとでも笑顔になってくれればいいんじゃないかな。「松尾、おもろいことやってるやん」って言ってもらえるだけでいい。

小松：自分がやりたいことをやる、そっちが先、絶対そうです。

松尾：僕、自分がやりたいことだけですもん。ほんまにそれだけ。移住された方や企業の方が田舎に来て言う時があるんですよ。「地域がだめやから俺らが立て直してやる」「俺らが

やったった」って。室戸の田舎の人間はだめやから、もっとこうしたら良くなるのにって言う方がけっこういる。でも、そうじゃないやろ。逆に、こっちはこっちの素晴らしいところがいっぱいある。そこを僕は、都会に逆ウリ、逆発信してやる方が、すっごいいいと思うんです。逆に、都会の方が落ち込んでいってると思うんです。人に対するつながりが。

小松：それは移住してきた人に教えてもらわないと、そういうふうな伝え方をしていかないといけない。実はここはこんな素晴らしいところで、ここでこういうふうに生活をすることで自信につながってる、底辺に見える田舎はこれだけすごいんだぞ、というのをメッセージしてほしい。

暮らしている地域を尊敬して対応してるから松尾さんは好かれるのだと思う。ここは本当に素晴らしい、この地域を尊敬する、リスペクトする、ここで暮らす人々に宿っているものを素晴らしいと思う気持ち……、これが出てるか出てないか、それがすべて。

松尾：冷静に考えると、誰だって地域の人のためにやってるのは当たり前、それが好きであんたやっててんやろ、と言いたい。好きでもなくて、いやいや地域の他人のためにしますか？って。みんなどこかで自分の好きなことをしているんじゃないかな、って思う。僕もそう、好きなことをして、地域の人が喜んでくれて、それがまたうれしい、ってことやと思うんです。漁師の水族館づくりを僕は素直に「自分が好きなこと」で突き通したい。

生き抜くポイント7

「半農半X」「ものづくり＋X」……課題解決やサービスを付加する複業の視点を持つ

「専業」だけで事業を展開をするには、高知は市場が小さすぎ、地域外に展開するか、地域内で優位性のある業種をベースにプラスαで何らかの事業を付加していくという視点が重要になります。

かつての農村地域で「百姓」といわれたのは、日々の暮らしの中で百の生業を行うことに由来していました。今まさに、地域ではそういう視点で考え、企業行動をとることが望まれています。

工業系のものづくりでも同様に、県内では規模が小さな企業が多く、ものづくり産業でも、お客さまの使い方の提案サービスや本業の周辺領域に展開するなど、時代が求める課題解決やサービスを小回りの利く中小企業性を活かし、付加することが求められています。

自由と平等と―

女性がはっきりものを言うことで 多様性が広がり、高知の魅力が一層輝く

森田 公美子
株式会社モンプレジール代表取締役

1970年、高知市生まれ。小学校教員を目指し東京の大学に進学するが、就職は㈱高知銀行に。2010年、二葉町にプレジール創業。2015年、若松町に（株）モンプレジール法人化。

戸田 実知子
有限会社戸田商行取締役社長

1966年、伊野町生まれ。実家は生コン製造業。土佐女子高校から地元の短期大学を経て、大旺建設に就職。木毛という珍しい商材を製造している夫と出会い結婚。2015年より取締役社長。

西川 きよ
一般社団法人エンジェルガーデン南国
アフロディア事業部マネージャー

高知県生まれ。1999年、化学物質不使用の化粧品メーカー（有）アフロディアを創業。夫が2017年に一社）エンジェルガーデン南国を設立。同事業部で商品開発と営業を担当。

「女をバカにしちゅうやいか」と発奮、グァバの機能性を健康と美容に活かす

編者：まずは自己紹介、自社紹介につながる話からよろしくお願いします。

西川：南国市久礼田にある20アールの自家農園で「グァバ果樹」380本を土づくり種選びからこだわり、六次化にチャレンジしています。

きっかけは、長男が生後すぐアトピー性皮膚炎と診断され、でも当時はアトピー性皮膚炎なんて誰も知らない、自分も知らない時代で、牛乳、卵、鶏肉、牛肉はもちろん、大豆もダメですから味噌も醤油も全部ダメということだったんです。私は母乳で育てていましたから、おのずと食生活が全部変わるわけです。また、ハウスダストもありましたので座布団、クッションなどに使う布製品を取り払い、カーテンも毎週洗うか外して雨戸を閉めて寝るという、日々の暮らしを見直す選択を迫られたんです。

私自身も幼い頃から肌が弱く、大人になっても自分に合う化粧品がなく、どんな高価なスキンケアも肌に合わず、「化粧品とはいったい何？」と日々悩み、考えるようになりました。それで調べていったところ、スキンケア化粧品はほとんどが水で、あとは化学物質。有効成分なんて1％も入っていないことがわかり、「女をバカにしちゅうやいか」と腹が立って、「よし、ちゃんとした本物の化粧品をつくろう。私がやらんで誰がやる！」と発奮。40歳の時、

（有）アフロディアを起業し、自分の敏感肌を生かし自身の肌で一つひとつ実験しながら、化学物質を入れない、水で薄めないスキンケア化粧品を開発し、製造販売を始めました。その際、エステサロンも併設しました。

そんな時、スキンケアに配合する有効成分原料を仕入れに東京へ行き原料メーカーの男性営業社員と話をしている時に、「同じ原料でも品質の違いで1kgが、2万円、4万円、6万円と種類があります」と言うので「一番高いのでつくりたい」と言うと、「化粧品でしょ？一番安い2万円ので充分ですよ、その分パッケージや宣伝広告費にお金をかけるのが業界の常識です」と言われてショックを受け、「それじゃ、女性がきれいになりたいという気持ちをお金儲けにしちゅうがやいか！」と、また腹が立ってきたんです。

その後、やっと本物を探求したスキンケア化粧品が一揃い完成し、化粧品で外側からだけでなく内側からケアする体内美容の大切さを痛感していた頃、月に一度くらいスキンケア化粧品を買いに来られる、ある病院の看護師長さんが痩せてきれいになっていたので理由を聞いてみたら、「香南市のグァバ茶なんです」と言うんです。「自分は朝から救急車で運ばれることも何度かあるほど血圧が高く、でも血圧を下げる薬は認知症になりやすいのでお茶で下げて、ついでに痩せました」とおっしゃいました。そのお茶が高知県で作られていることに強く興味を引かれ、農家さんを紹介してもらい長男を1年間インターンシップに行かせたのがグァバの有機自然栽培の始まりです。

それまでのグァバ茶は乾燥葉をそのままヤカンなどに入れ煮出ししていたので少し青臭い味になっていました。当時のスキンケア化粧品の販売先は全国の美容サロンが主で、そこに通う女性向けにティーバッグに加工し手軽に飲めるよう焙煎をしたらどうか、ということになり、高知県茶業センターのご協力をいただき実験をした結果、特有の青臭さを解消でき、お食事にもスイーツにも合う、毎日続けられる爽やかな味わいの美味しいグァバ茶が完成しました。

ちょうどその年に長男が高知大学土佐FBCへ入講しグァバの機能性の研究をしたところ、トクホになっているS社の烏龍茶やY社のグァバ茶よりもポリフェノール含有量や、糖や脂質の吸収抑制の活性が高いことが判明。その実験の過程で当農園のグァバは飲料だけでなく、メラニンの生成を抑制し、美白作用（チロシナーゼ活性阻害）や抗酸化作用（抗シワ、たるみ）が優れていることが明らかとなりました。驚くと同時に、これはオーガニックコスメをつくるチャンスだ！と思った私は高知商工会議所の平島輝之氏に相談、高知大学土佐FBCへ入講し（2013年）、先生方のご指導も受けながら当農園のグァバエキスの美白作用や抗酸化作用などの機能性の実験をしました。夜間の授業が多く実験も初めてで、しんどい時もありましたが、当農園のグァバは県外産や海外産に比べ機能性に優れている結果が出るたび飛び上がるぐらい嬉しかったことを今も思い出します。こうした甲斐あって、2014年（平26）9月に自家農園産のグァバ葉エキスを主原料とした天然成分100％オーガニック成分配合率95％以上の「天海のしずくオーガニックコスメ」が完成（第30回高知県地場産業大賞奨励賞受賞）しました。その実験結果は日本農芸化学会で発表することになり、普通高校をようやく卒業できた私が学会発表なんてと終始ドキドキでしたが、猛練習をしてなんとか無事に発表することができました。

そして現在、アフロディアは事業を一旦休止し、一般社団法人エンジェルガーデン南国のアフロディア事業部でその業務を引き継いでいます。

気がつけば全国シェア80％超、木毛に詰まった〝おもてなしの心〟を届ける

戸田：土佐市で「木毛《もくめん》」という天然の緩衝材の製造、販売をしています。木毛は高知県産の木材を原木から仕入れて、皮を剥いでカットし、製造機にセットして削ります。用途は、高知県産のメロン、スイカ、徳島産のレンコン、中国地方の桃とかブドウなどの果物類や、さまざまな商品の緩衝材として、また、園芸のマルチ材、植生シートの原材料として、沖縄から北海道まで全国津々浦々に毎日出荷しています。木毛の会社は、昭和40年代には日本で120社程あったようなんですけれども、今はもう、私が把握している限りでは弊社も含めて全国で2社、専業は戸田商行のみで、国内の木毛のシェアは80％以上を占めています。

1992年（平4）に2代目社長である夫のところに嫁いですぐに、創業者である夫の両

親と一緒に仕事をし始め、最初は経理を担当しました。義父はもともと山林を歩いて木立の売買をする山師の仕事をしていましたが、木毛に将来性を見出し、転業して製造を始めたと聞いています。私は夫の両親のことが大好きで、尊敬もしていました。両親から木毛を始めた頃からの苦労話をいろいろ聞く中で、創業者が作り上げた木毛への思いの強さ、そして創業することへのバイタリティを感じていて、すでにある設備やノウハウを引き継ぐというのはすごく恵まれていることだし、私たちはきちんと引き継ぐ義務があると思っていました。

夫が精力的に開発した商品の効果もあって、しばらくは業績も順調でしたが、石油製品の台頭で少しずつ売り上げが下がるという状況になっていきました。ところが、本格的な改革の必要性を感じていた2010年（平22）に、夫が周囲の方々の勧めで地方議員になってしまったんです。ちょうど年老いた両親も現場に出られなくなった頃でした。私は、夫が社業と議員活動との両立ができるだろうという期待でしばらく様子を見ていましたが、両立は大変そうで、なんとかしないといけないと思いました。社員の雇用を守らなければいけないし、誰かが舵を取る必要がある、となった時に「私がやるしかない」と引き継いで今に至ります。

上質な木毛を作るために、職人は刃物の手入れや機械のメンテをし、高知県産の天然木材をすごく丁寧に手間ひまかけて商品に仕上げています。日本人は昔から「包む」ということにこだわりを持っていて、天然素材の包装材は美しいものばかりで、そのように作らずにはいられなかった日本人のものづくりの価値観を感じますね。木毛には、おもてなしの心というか、受け取った方に喜んでいただきたいという気持ちが詰まっています。製造過程では、廃材を出さず、製材にかかるエネルギーコストも低く、環境に負荷を与えない持続可能な素材です。高知の山々の恵みを受けた、価値のあるよい商品だということを知っていただきたいし、残していきたいと思っています。

西川：うちのオーガニック化粧品をネット通販のお得意様に送る時、化粧品を木毛でくるんで入れて送るのですが喜ばれます。「捨てられるもの」とおっしゃいましたが、「いい香りがしますので下駄箱などに入れてください」とか書いた小さい案内を入れているんです。お客さまからは、「マイカーや寝室、玄関に置いている」というようなお返事をいただいています。

戸田：ありがとうございます。

なんとなく起業したケーキ屋、女性目線の心遣いで〝よろこび〟を届けたい

森田：私は本当に周りの方に恵まれていて、いろいろと教えていただいたり協力していただいたりして、今年で10年目になります。

よく起業と言われますが、私、全然そんなんじゃないんです。当初は単純に、ある不動産物件、建物を購入して、それを賃貸することを考えていました。が、たまたま大阪の洋菓子

店でパティシエとして修行していた主人のいとこの子が高知に帰ってきていて、また大阪に戻るという時でした。私が購入した物件が洋風というか、お菓子屋さんのイメージだったので、「高知でケーキ屋をやってみないか」と誘ってみたところ、彼はお菓子を作ることには興味があるけど経営には興味がない、それに宿毛市出身で高知市内に住んだこともないし土地勘もない、ということだったんです。私は銀行に勤めていて、お菓子とはまったく畑違いなのですけど、「経営というか販売のほうで協力するので一緒にやろう」という話をして、本当に何となく始めたんです。

私の実家は三里《みさと》で、地区ではショウガ作りが盛んなのですが、いただいたショウガを使って、パティシエの子がクッキーを作ってくれたんです。それをパートの方とかショウガをいただいた農家の方への差し入れたところ「おいしいね」ということだったので、それを高知のお土産物の展示会に持っていったのが最初です。

アミノ会という異業種交流会があるんですけど、吉野さんという食品団地の理事長の方に一緒に勉強しないかというお声がけをいただいたところから、販売とか物づくりについてたくさん教えていただくことになりました。その交流会で、ミレービスケットの野村専務とも知り合い、その専務さんと吉野さんがうちの店に来てミレービスケットをたくさん差し入れしてくださったんです。私たちはケーキ屋なので、ビスケットに生クリームとかチョコレートとかを付けて、おやつとして食べていたんです。私が「これを次の異業種会に持って行きたい」と言うと、パティシエの子がお茶菓子として持たせてくれたのが今のミレーサンドなんです。アミノ会では「ありそうでなかったお菓子よね」ということになって、「これを商品化していこう」と皆さまに背中を押していただき、こういう販売の仕方があるよとか、こうしたら食べやすいよとか、もう少しこういう味にしたらいいんじゃないとか、アドバイスしていただいたり協力していただいたりしました。

洋菓子って、誕生日とかウエディングとか、ちょっと喜んでいただいたりする席に持って行くことが多いのかなと思って、若松町のサンシャインの横に最初の会社を設立した時には「贈り物として持って行ける洋菓子」をコンセプトに、「わたしのよろこびをどうぞ」という意味合いを込めて〝モンプレジール〟という名前にしました。ミレービスケットは駄菓子っぽいけれど、ちょっと手を加えることで、お遣い物とか自分へのご褒美にできるのではないかと思います。これからも、男性では気がつかない女性目線で、ちょっと心遣いができるような洋菓子を販売できたらなあと思っています。

西川：その、アミノ会というのは？

森田：高知市大津の食品団地の中にあるアミノエースという会社を中心に、そこで毎月1回、異業種交流会をしているんです。小松さんと出会ったのもそこでした。小松さんは毎月参加されていて、高知県よろず支援拠点として展示会とか補助金とかを紹介したり提案したりしてくれていて、〝困った時の小松さん〟としていろいろとご相談させてもらいながら、ものすごくお世話になっています。

西川：ケーキは何人くらいで作っているんですか？　お店では販売もしているのですか？

森田：作っているのは、パティシエさんの他、助手として女の子2人、男の子1人、ベトナムの研修実習生も2人いて、ミレーサンドを回す機械をやってくれています。季節物を取り入れながら、定番は10種類くらいあります。販路とかも交流会で紹介してもらって、高知空港さんとかキオスクさんとか、県外のほうでも販売しています。

私自身は、食べることには興味がありますけど、作ることに興味がないんです。その代わり、展示会とか出張に行った時は、地元で流行っているケーキ屋さんやデパ地下に行って、買いたいなとか食べたいなとか思う商品の写真をガンガン撮ってパティシエに送り続けるんです。あっさり「無理」と却下される時もあれば、「こういうの面白いですね」と言ってくれる時もあります。

西川：グァバのアイスもあるので、ケーキ、作ってもらおうかな。

仕事で助けられたので仕事で助けたい ―― 多様な働き方で多様な人材を活かす

編者：少し具体的におうかがいしていこうと思います。西川さんは、グァバ栽培を障がいを持った方とされていますね。

西川：グァバ農園は２０１１年（平23）６月に耕作放棄地を見つけ101本のグァバ果樹を定植したのが始まりで、その時は主人や二男は別の仕事をしていたこともあり３か月に１度くらいの頻度で、舅、姑、実家の父、アフロディアの社員、香南くろしお園の利用者さんも十数名ほど来てくれ、刈り取りを一日でしていました。その刈り取った茶葉を土佐市の太陽福祉園まで運び洗浄と乾燥、それを静岡の工場へ送り、お湯をかけるだけで飲める「ティーバッグ入りグァバ茶」として商品化していました。

２０１４年（平26）に主人が早期退職し、３年後には障がい者就労支援事業所として高知県の認可を受け、一般社団法人エンジェルガーデン南国を設立しました。グァバ葉からグァバ茶、グァバ果実からグァバピューレに加工し、産官学×農福連携で栽培、加工、卸販売までを、一般企業では働きづらい障がい者といわれている方々が自分のペースで働く就労継続支援B型の事業所として利用してもらうようになりました。私たちの目的は２つあって、１つは障がい者といわれている方々の仕事をつくり自立できる環境をつくること。もう１つは私たちが有機自然栽培したグァバ茶で人々の健康と美容に貢献することです。

主人は中学校の教師として就職し特別支援学級を受け持つようになり、その後生まれた二男は今一緒に働いていますけど、特別支援学校の卒業生です。少し自閉症傾向があり、とくに小さい頃はこだわりが強く変化をきらい、思ったようにならないと泣き叫びパニックになっていました。卒業後に就職した会社で７年間頑張りましたが、上司からの言葉の暴力があって居づらくなり退職した時、「お母さん、グァバ農園があったおかげで僕の生きる場所ができたよ」と言ってくれた一言で救われる思いがしました。現在は普通運転免許も取得し、利用者さんの送迎や職業指導をする職業支援員として働いています。

一緒に働いているのは30名で、そのうち20名が当農園を利用する18歳から58歳までの障がい者といわれているみなさんです。障がい者の方は国から年金を月に7～8万円くらいもらっているんですけど、あと6万～7万円あったら一人暮らしというか、自立ができると思います。B型事業所のお給料は、全国平均が1,6万円で、高知県の平均は1,9万円、うちは現在2,4万円です。これを会社の計画では5年後に6万～7万円にしたいのです。

戸田さんところも、お父さんの時代から障がい者雇用をされていますね。「うちは建設業で機械が多いから障がい者雇用は危ないからダメ」とか聞いたことがありますが、全然そんなことはない。うちだって鎌や鍬、草刈り機はあるし、戸田さんところだって機械があるから何かあったら大ごとですよね。でも、そんなこともなく、生き生きとして働いています。

戸田：そうですね。うちは今、パートを含めた9名の社員のうち、3名が障がいのある方です。年齢は、高校新卒で採用した21歳から最年長は47歳です。障がいのある方を応援していくというのは両親が始めたことですが、ずっと引き継いでいます。

森田：うちも、箱折りとかは障がい者支援施設にお願いしています。外国の方もいて、ベトナムの方には機械を回すのとか包材に詰めるのをお願いしています。ベトナムの方に来てもらおうということになった理由、きっかけは、ほんとにもう人材不足ということです。とくに土曜日や日曜日の、みんなが休みの時にお店は営業していますし、朝も早いし、忙しい。ですから、若い子はほんとに長く続かなくて人材不足が常態化しているのです。

実は今の店に移転するまでパティシエの子と同名の小さいケーキ屋をしていたんですが、主人は主人で仕事をしていて、子どもも2人いたので、私はお手伝いということでやっていたんです。ところが、お店を始めて3年目、上の子どもが大学生で下の子が高校3年の時ですが、主人が交通事故に遭って記憶がなくなるという障がいが残ってしまったんです。2か月近くの間まったく意識がなく、ずっとICUに入っていて、事故が県外だったので私はホテルと病院を往復するような日々でした。

そんな中で、私は仕事をどうするか迷ったんですけど、病院で小松さんから、ものづくりの補助金の申請について教えられ、助けをいただいて申請をしました。気が紛れるので仕事の本を読みながら、もしこの申請が通れば新しく会社を設立してやろうと考えてたんです。で、ダメならダメでまた考えようかなと……。自分の中で賭けみたいなところがあって、そこで申請が通ったので、思い切りができたというか、若松町で会社を設立しました。

主人は高次機能障害が残って今も施設にいて、私は24時間働ける状況にあるので、自分の目標を見つけようとしていた時でもあったんです。そんな状況だったので、仕事を持ててよかったなと思いますね。家でずっといるような生活だったら、ちょっと自分がしんどかったな、と。「大変でしたね」とよく言われるんですけど、なんとなく日々が過ぎていったという感じです。そんな事情があるので、障がい者のことは私もなんとなく気になるのです。

西川：外国人の雇用も障がい者の雇用も、ダイバーシティの考え方ということですよね。

森田：自分が仕事に助けられた経験もあるので、パートさんの仕事時間も自由にしているんです。小さいお子さんを連れてらっしゃる方にも、曜日とか時間とか決めずに、会社に来てタイムカードを押してもらう。「夕方、子どもがプールに行っている間だけ頑張ります」という人がいたり、「今日は1時間仕事ができる」「私は4時間できる」という人がいたり、そういう感じでやっています。

西川：いいねえ。うちも今パートを募集してるので、そうしようかな。

森田：時間を決めると、なかなかむずかしいんです。今はパートさん4人で箱詰めしてもらっているんですが、もちろん仕事なので、責任を持ってもらうという意味で検印は欠かせません。時間が不規則なので、最初は少し計画が立てにくいこともありましたけど、慣れると全然大丈夫です。パートさんのご主人の話によると、最近、奥さんは家で怒らなくなったと言っていました。うちに仕事に来て、家のことをバーッと吐き出して帰っているからなのかな。

西川：楽しそうですね。

森田：仕事でも何でも楽しいのが一番かなと思っています。

環境意識の高まりの中、高知ならではの特性と強みを活かすストーリーを作る

編者：とくに中小企業の場合、地域や自然や文化は切っても切れない関係だと思います。その点で、意識していることはありますか?

戸田：高知県の森林率は84パーセントで、日本一です。高知で木に携わっている人間としては、それを有効活用することが必要という思いもあって、高知県産の木材にもこだわっています。

仕入れで言うと、アカマツがメインですけど、アカマツは松食い虫の影響が全国的に広がり、以前よりは調達がきびしくなってきています。それで、市場と良好な関係を築いたり、仕入れをお願いしている方と情報交換を密にしたりして対応しています。

戦後に植林期があって、その後だんだん木が成長してきて、今は伐採期を迎えているんです。海外の森林が皆伐《かいばつ》されるシーンなどの影響で、木を伐って利用することはよくないと思っている方が多くいらっしゃいますが、日本の森林資源は使われずに余っています。昭和30年代には国内需要の9割を自給していましたが、今は2割くらいまでに落ち込んでいます。山の経済的価値が低くなり、人の手が入りにくくなった。その結果、山が荒れて自然災害が起こり、木を使わないことによる弊害のほうが大きくなってきています。

そういうことを、展示会に行って自らお客様にお伝えしたり、ホームページを通じて広報したりしています。近年、環境汚染の問題が取り上げられているので展示会でもお客さんの反応が全然違ってきていて、「自然のものを探している」とか「持続可能な商品を取り扱いたい」とかいうお声がけが多くなりました。皆さんの意識も変わってきているのかなと感じています。

西川：うちもアピールしたいのは「自然」でしょうか。グァバ農園を始めて以来、一切農薬や肥料、除草剤など使っていません。有機ＪＡＳ認証は２０１３年（平25）に取得するのですが、有機で認められている農薬さえも使ってない究極のオーガニックといわれる徹底した自然農法で、圃場に水路を作りカエルやテントウムシなどの多種多様な生物や植物が自然のままに息づく空間を大切にしています。雑草もほとんどそのままで自然生態系の維持活動も取り入れ、グァバの木一本一本に名前を付けて言葉をかけながら栽培しています。

有機ＪＡＳ認証のグァバ農園は日本で3か所、特に有機グァバの果実は日本では商品化されてないと言われています。約10年間、データに裏付けられた優秀なグァバを育てるノウハウを築いてきました。エンジェルガーデン南国スタイルのグァバ栽培を高知でもっと広げて、「グァバ茶といえば高知」と言われるようになり、高知から全国に健康を広げたいですね。そうすることによって、耕作放棄地の解消、有機自然栽培の普及、障がい者雇用の増加、また移住者も招くことができるし、自然の恵みを活かして「健康と美容」が益々広がり、三方も四方もよし、ということになります。

森田：高知県は人口がどんどん減っていますし、おいしいケーキ屋さんが多い中にあって、店売りだけではなかなか大変なところがあるので、外商ですね、高知のお土産物としてお菓子作りができればと思っています。ですから、高知の柚子とか土佐茶とか地元のものを使よう心がけてます。

企業さんも、アイスは久保田食品さんとコラボで最中《もなか》のアイスとかをやっていますし、須崎の津野山物産さんともコラボしています。また、物部のじじばば安全会には柚子の皮を炊いている方が婦人会にいるんですけど、その人たちとのコラボで柚子皮を使ったお菓子とかをやってます。じじばば安全会さんは、たくさんは作れないけれど昔ながらの柚子の炊き方でていねいにやっていて、そこにうちはチョコレートを付け足したり、というお手伝いをしています。あとは箱に入れたり袋に入れたりとか、なるべく安く提供できるようにしています。でも、少し手を加えると単価が上がるんですよね。

ただ私の場合は、高知ではあまり他の店とかには行ったことがないし、他の会社の値段のことはまったく意識していないです。ですから、自分のところでできるものを、やれる値段でやる、ということです。値付けはパティシエの子に任せていますが、ただギフトにする時には、箱とか雰囲気とか値段について考えるし、意見や提案をしています。自分なら、これくらいの値段だったら手土産にするかな、とか……。

西川：原価計算はパティシエさんが？

森田：ええ、やってもらってます。38歳で独身なので、いいご縁があればいいんですけど。

「女性だから」の不利はない、男性がドンと受け止めてくれている

編者：会社の経営に携わりながら、何かの集まりに出て行けば男性の方が多い。ハンディは感じませんか？　女性であるがゆえのご苦労、やりがいなどについてうかがいたいのですが……。

西川：経営者が学ぶ経済団体・中小企業家同友会があるんですが、よその県には女性部というのがあるんです。ところが高知にはないんです。で、さんざん香川県の女性部の方から「どうしてないの？　作ろうよ」と言われるんですが、逆に「男性部を作ったらどう？」というくらい、つくる必要を感じないんです。ということは、女性の話を対等に聞いてくれるということなんです。

戸田：経済団体とか仕事の場では、女性だからということで差別をされるとか、いやな思いをしたとかいうことはないですね。高知の男性は、女性が働くことや社交することを受け止めてくれているという印象があります。高知の女性は自分の考えをハッキリ言う方が多いと思うんですけど、それを男性はドンと受け止めてくれている。

西川：高知の男性は、そういう女性に慣れてますよね。イヤなことは、うまくかわしたりとか。

戸田：女性が夜、飲食の場に出て行くということが少ない地域がまだあると思うんですが、高知では男性に注意されるというようなこともなく自由にさせてもらっている気がします。そのことに息苦しさを感じたりすることも特にないですね。

森田：高知の食品業界には女性の起業家が多いです。高知にケーキ屋さんがこんなにたくさんあるのかというのは自分がお店を始めてから気がついたことなんですけど、例えばご主人がパティシエで奥さんも一緒にやられてた方で、ご主人が体調を崩したり亡くなったりしても、じゃあお店を閉める、というのは聞いたことがないです。大体は奥さんが引き継いでやっているんじゃないでしょうか。

西川：むしろ、女性はしたたかにいけますので得ですよ。たとえば男性は机上で一生懸命に経営計画や戦略を構築しますが、その通りいかないとドンと落ち込む方が多いと感じています。その点女性は、計画や戦略は苦手かもしれないけど、失敗しても失敗しても平気なんです。

戸田：女性って、どんなに忙しくても、晩ご飯の支度をしたり、子どもの面倒をみたり、家庭と仕事を両立されてる方が多いですよね。うちの場合もそうでした。私は経営者としての経験が少ない中で新しいことに取り組んだので、仕事量も多いうえに勉強も必要で、時間がいくらあっても足りないという状況でしたから、仕事に注力できる時間がいつもあるのは恵まれてるというか、性差を感じてました。男性経営者で晩ご飯や子育てを気にしているという人はほとんどいないですから。

西川：男性は、営業で毎晩飲みに行けるしね。

戸田：そういうことですね。飲み会の席なんかでネットワークを活かすことができるのも男性のほうが有利だと思います、体力もあるし。

西川：もっとちゃんとしろという男性は高知に限らずいますけど、高知の男性は比較的優しいと思います。エラそうじゃないですね、私だからでしょうか。(笑)

戸田：表面的？かもしれませんけど、対等な感じ。

西川：冗談を言っても許される、一定の範囲がありますね。

戸田：高知の女性はハチキンとか言われて前に出るような印象があるかもしれませんけど、男性を立てるところは立てていますので、男性もそれもわかったうえで優しさがあるんじゃないかなという気がします。

森田：男性のほうが細かいですよね。女性より繊細かなと思います。私が全然気にしていなかったことを男性は気にしてくれていたりして、「この前はごめん」とか言われて、「えっ、何のこと？　全然気にしてなかったのに」ということがあったりします。

一方、男性は言いなりの面もあります。お店に来た男性のお客さんは、「お薦めのケーキは何ですか？」と聞いてお答えするとそれを選ぶ。女性のお客さんは、お薦めしても「ふーん」と言うだけ。ただ意見を聞きたいだけであって、答えは自分で決めているんです。

西川：答えはあっても女性は意見は聞きたいのよね。

森田：女性の経営者って、あんまり、しかめっ面の方はいらっしゃらない。展示会とか行っても楽しんでおられますね。戸田さんなんか、いつも笑っている感じで、元気なイメージがあります。

戸田：私、そんなに笑顔ですか？　でも、人生は楽しいよね、ということはあるかも。しんどいことがあっても、あまり気にしない。ひと晩寝たら忘れるようにしているというか、「なんとかなるさ」と思っています。

西川：女性は何か覚悟してるんですよ。図太いというか、ドーンとしていて〝なるようになる〟みたいな……。

森田：女性は、やるからには頑張ろうという気持ちがあると思います。そもそも嫌なことをしないというか……。

西川：男性はポキンといきやすい。女性は〝しわい〟（しぶとい）。ダメでも、何かをひっつかんでくる。断わられても、あっちこっちと行ってみる。男性はプライドが高いのか、メンタル的に折れやすい。

戸田：それは感じます。よく言えば、女性はしなやかさがあって、環境に対応する能力が男性よりもちょっと高いような感じがします。

森田：私は主人には仕事のことはまったく相談しなかったんですけど、ご主人にしますか？

戸田：うちは、今も夫が代表取締役なんです。

森田：あ、上司。

戸田：経営の判断はやっていますが、相談にはのってもらいますし、それはありがたいですね。

西川：戸田さんのところはご主人が話をしてわかってくれていいですね。うちは公務員だったし、同い年ということもあり、さっぱりダメだった。今もだめやけど。(笑)

女性が働きやすい、力を発揮しやすい環境を作っていく

編者：経営に目を配りながら、一方で家族とか家事にも目を配らないといけない。女性が働くことへのネックになっていませんか？

森田：うちは主人が協力的だったので、家事についての苦労はあまりなかったです。子どもの送り迎えとかも協力してくれました。食事もある程度準備しとけば大丈夫だったし。だから全然気がねなくできました。そもそも主人が協力的でないと、女性は仕事ができないですよね。

西川：私の場合は、買い物と料理担当は主に主人です。西川家の男性は代々、猪や鹿を料理したり、魚をさばいてお造りを皿鉢に盛り付けたりしていたようで、ずっとセンスがいいし美味しいので、私には出番がないんです。舅、姑が隣の家だったこともあり子どももよくみてくれましたので、仕事に打ち込めました。感謝しています。子どもには「家に親父が二人いる」と言われていましたけど。

戸田：私は子どもが生まれて一旦仕事を辞めて、6年間は専業主婦でしたので、仕事を再開してからも家事は全て引き受けてました。子育ては楽しかったので全く苦ではなかったですが、仕事をしながら家事を一手に引き受けるのは体力的にキツかったです。7年くらい前から忙しくなって、夫が手伝ってくれるようになりましたね。下の子も大学生になり夫と二人暮らしになりましたが、洗濯物を畳んだり食器を洗ったり手伝ってくれます。

子どもが小学生とか中学生のころに、家に残して出張しなくてはならないことがあって、知人の女性から「子どもさんを家に置いて、かわいそう」と言われたことがあります。でも仕事のために必要な出張ですし、家に残していくからといって子どものことを気にしてないわけではもちろんありません。一緒にいる時には愛情を注いでいるし、子どもたちも「お母さんは自分たちのために頑張って仕事をしている」と納得していました。出張先からも電話して交流はしたので、とくに問題はなかったです。子どもとの時間を共有することは大切ですが、信頼関係があれば大丈夫だと思います。周囲の理解が深まればもっと働きやすいかもしれませんね。

森田：私は、子育ての最中はやはり送り迎えの時間を避けて仕事を入れたりしていました。子育て中の女性が仕事をするのは、なかなかむずかしいんじゃないでしょうか。子どもの世話をしてくれる両親とかがいればいいんでしょうけど、それでも遠慮が出てくると思います。

西川：女性が子どもの三者面談とか参観日とか遠足とかに合わせて休める職場とか、保育園を増やすとか、学童や放課後デイサービスとか、行政にもっと整えてもらう。そして私たち経営者も就職の時にお母さんの都合に合わせていく、というようなことが必要ですよね、子どもは国の宝ですから。

森田：現実には、春休みとか冬休みになると、パートさんがぱたっと来なくなったりするんですけど、でもそれを見越して、「今日はがんばります」とみんな猛ダッシュしてくれます。そういう流れができるとしっかり回すことができるようになります。

戸田：うちの場合、基本的な勤務時間は午前8時から午後5時までなんですが、子育て中の女性社員は本人の希望に合わせて出勤時間を調整していますし、行事のある時は優先して休んでもらっています。その際、休むことに罪悪感を感じないようにしています。

女性が働きやすくするためには、やはり環境の整備も大事だと思います。私の住んでいるところは学童保育がない地域なのですが、おじいちゃんおばあちゃんが同居していたり、近くに住んでいたりする。そのあたりは恵まれていて、私も助けてもらいました。でも、やはり学童保育の充実が重要ですよね。小学校1年生の夏休みが、お母さん方は一番苦労されています。

西川：幼稚園は夕方5時から7時くらいまで面倒を見てくれるけど、小学生になったらお昼で学校は終わります。

戸田：夏休みに入ると毎日家に子どもがいるというのも、働くことでいえば悩ましいですよね。

編者：最後になりますが、マイナスの面の話も多い中で、これからの高知県で自分の会社をどのように舵取りしていきたいですか？

戸田：新しく木毛を知った若い人がいろいろ取り上げてくださることもあるので、私は木毛を追求して、持続可能な商品としてアピールを続けていきたい。日本全国はもちろんですが海外、今はちょっと途切れている輸出再開にも挑戦したいです。それから、高知県は人口がどんどん減っていて、若者も減っている。うちの娘2人も東京へ進学して、長女は希望の業種があって東京で就職が決まったんです。でも戻って来て欲しいですね。子どもの人生ですから無理は言えませんが、東京の企業で学んだことを、自分を育ててくれた高知県に恩返しとして持ち帰ってくれたらいいなと思います。そして、うちの会社を引き継ぎたいと言ってくれたらうれしいし、そう言ってくれるような魅力のある会社にするのが夢です。

森田：私は日々精一杯で、まあ、会社はパティシエの子がやってくれたらいいなと思っているし、娘は2人とも県外にいて、上の子はもう就職していて高知には帰って来ないだろうなというのがあります。ですから会社のほうは、パティシエを支えてくれるいい女性ができて、2人でやってくれればうれしいなと思っています。

西川：やはり高知といえば、自然の美しさが魅力だと思います。食べ物も自然の恵みがもたらし、豊富で新鮮で美味しく、私もそんな高知が大好きです。全国でグァバ茶の試飲会をしていても、「高知から来ました、息子が育てています」と言うと驚かれ足を止めてくれ話を聞いてくれます。「有機栽培です」「農薬は使っていません」と言うとまた驚くわけです。高知はまるごとオーガニックな環境にあること、持続可能な生活で健康的に生きることができるとか、そのあたりをどんどん県外にアピールしていくところに商売の成功のカギがあるのではないでしょうか。現在は主人が代表ですが、必ずしも長男や二男に継いでもらおうとは思ってはおらず、会社の理念を充分に理解し、それを行動に移せる方がいらっしゃれば、その想いを引き継いでいただきたいと思っています。

生き抜くポイント+1

女性が働きやすい環境をつくり その力を職場に、地域に活かしていく

先行きが不透明な時代になっています。変化する社会をどういう目で見るかという、言わば切り口が問われています。よく、鳥の目、虫の目、魚の目、と言われます。虫のように近くから精密に見る目（ミクロ）、鳥のように上から俯瞰して見る目（マクロ）、魚のように流れを読む目、この3つの目は、時代や変化を読み、未来を予測する上で大切な目で、特に鳥の目、魚の目が重要です。

これまで、歴史はどちらかというと男性の目で見られてきました。高知県の企業の平均年齢は全国で最も高いと言われていますが、いごっそうが頑張ってきたと言えなくもありません。しかし、牧野富太郎が好きなことを徹底してできたのは支える奥さんがいたからで、これは高知のカルチャーでもあります。女性が力を出しやすくし、職場や地域に活かす仕組みをつくる――女性が裏で支えるだけでなく、表で活躍する21世紀後半型の取り組みを軌道に乗せていきたいものです。

時代を生き抜く中小企業経営者の「情熱」に思いをこめて――あとがきに代えて

小松 宗二

1 中小企業支援の現場から、今をどう見るか

高知県の産業を考える時、時代とともに産業構造が変遷し、その構造を形作った「きっかけ」や「政策」というものがある、ということに気がつきます。そのきっかけとなったものは何だったのでしょう?

高知県の工業出荷額は、昭和40年代を通して鳥取県や島根県と同じレベルにありました。しかし、50年代に入って大きな差を生じることになりました。

いったい何があったのか、実は昭和50年、51年に高知県に連年の激甚災害があったのです。その復旧復興に多くの国費が投入され、その結果、建設業とその関連産業に雇用を含め多くの経営資源が割かれることになりました。一方、島根県や鳥取県では当時華やかな電気、電子機械産業の誘致を積極的に進め、三洋電機の誘致がなされるなどの産業政策を進め

ていきました。そのことで、地域内にその下請企業が育ち、電子分野や精密分野の技術力をつけていきました。今、その当時の三洋電機の工場はなくなっていますが、それでも域内には電子分野や精密分野の企業群が育ち、今なお地域経済をけん引しています。

高知県は、この連年災害の災害復旧期を行う必要がありました。そうして、確かにいくつかのユニークな建設機械などの企業を育てるきっかけになったのも事実です。しかし、地域経済が公共事業により強く依存する地域になってしまい、平成に入ってバブル経済がはじけて以降、公共事業に依存してきた高知県は他県よりもそのマイナスの影響を強く受けることにもなりました。

もう一つ、高知県は豊かな農林水産資源を有していたことから農林水産業を産業としてより重要視してきたということがあります。それは同時に、他県に比べると工業に力が注がれなかったということです。事実、平成10年くらいまで、多くの市町村の産業課といわれる部署では農林水産業振興に係る業務がほとんどで、商工業振興は県の業務だという意識にありました。

当時は、小規模な中小企業を強くするために集団（組合を作らせ）で構造改善を進めようとする考え方で、それは平成10年に中小企業基本法が抜本改正されるまで続きました。その抜本改正により、中小企業支援の仕組みが個社支援にシフトしたものの、団体で支援していくという農業支援の仕組みになじんでいたその意識は、伸びるユニーク企業ごとの支援が重要だとの意識に変わっていくのに多くの時間を要することになったわけです。

2　地域に対する「思い」をいかに深め、共有し、次の世代に伝えていくか

地域の中小企業を支援するその考え方は、どうあるべきなのでしょうか？

この考え方を整理したものとして、平成14年に中小企業庁経営支援課が作成した「市町村の産業振興策が成功するための10のポイント」と題する報告書があります。それは、監修者である当時一橋大学の関満博教授の手によるもので、私のバイブルともなっていて今でも通用するものと考えています。（以下引用／（　）は筆者による）

…世紀末の20年ほどの間に、危機感を抱いた幾つかの基礎自治体の間から、必死の「思い」の地域産業政策が模索されていく。…

これらの「地域」の共通点は、この間に、地域産業の主要な担い手であった中小企業が難しい問題に直面していることに驚愕し、地域の人びとが何とかしなければとの「思い」を深めているところにある。（そのような地域）では、市役所、会議所の若手職員、また、若手経営者、二世などが敏感に反応し、必死に活動を開始したのであった。

それらを観察していくと、当然、置かれている環境条件は違い、また、時間の進み方

も異なる。ただ、いずれにおいても、その地域の「現場」で必死に活動しているキーパーソンというべき人材がいることに気づく。彼は「地域」を「愛し」、「地域」のためならば命をかけるほどの「思い」を抱き、周囲に語りかけ、同志をつのり、「地域」を揺り動かそうとしているのである。何故、彼らは頑張れるのか。それは「地域」への深い「愛情」が根底にあり、不甲斐ない「地元」への怒りが反発のエネルギーとなり、全精力を傾けるほどになるのであろう。

（こ）のようなキーパーソンたるべき人びとは、どこから生まれるのか。私のささやかな経験からすると、市役所や会議所の若手職員、若手経営者や二世など、明らかにその地に生まれ育ったか、あるいはよその土地からやって来て、そこを終の住かと見定めた人びとであり、「地域」に対する「思い」の強さが、そのような生き方を促していくように見える。

また、「地域産業振興」などを仕事にしていると、全国の市町村から指導をして欲しいとの要請を受けることも少なくない。その場合は、「まず最初に、地元の中小企業を全部訪問し、企業と仲良くなりなさい」と勧める。地域産業の「現場」に入り「自分たちが何をすべきか」を実感することが全ての出発点となるのである。都会のシンクタンクに調査を依頼し（たの）では、事態は何も進まない。自分で汗をかき、「現場」と同じ目線に立ち、「現場」の「思い」を共有できなければ、何も始まらないのである。…

3　いなか主義に徹する

地域中小企業の産業振興を考える時、大事な視点は何か？　それは、地域の強みとなるものを再確認し、それをより追求していくことです。経済学では、これを「競争優位」と言い、かのマイケルポーター先生が「競争優位の戦略」として理論化しています。自社（自地域）にしかないものを、そのコスト優位性を生かし、それに経営資源を集中させ、優位性を発揮していこうとする中小企業に向いた戦略です。

そうすることにより、コスト競争に巻き込まれず、利害関係者に健全な利益配分をしていけるわけです。特に、高知県のような典型的な「半島経済」地域では、輸送コストが価格にオンされ、競争力が抑えられることから、より大事な考え方になります。

そういう視点で考えた時、高知にある強みとは何でしょうか？　それは、海、山、川にある自然資源に他ありません。三翠園の命名の由来である「三翠」は、そこから見える、鏡川、筆山、空、の「三つの素晴らしい青（緑）」という意味です。その地域資源を経営に生かすには、「グローバルに考え、ローカルに行動する」という、かつて平松大分県知事が提唱した考え方がどうしても必要になります。

地域にある豊富な地域資源を「グローバルな視点」で鳥瞰し、戦術を組み立てていくということです。その際、持続可能な取り組みにしていくには、「ローカルに行動する」という視点が必要になります。

これから高知で力強く根を張って生きていく企業は、半島経済の諸条件を受け入れ、グローバルな視点で競争優位にある地域資源・経営資源を生かし、地域と向き合いながらローカルに行動する「いなか主義」の戦略をとることが欠かせないでしょう。

4 「人」を生かし「IT化」を進める

高知の特徴的な強みの一つに、「人」がつないできた「文化資源」があります。それは、成長する高知の経営者を見ていると、「人たらし」という共通するところに行き当たります。言い換えると、人間的な魅力を持ち、何とか応援しようと思わせてしまう魅力を持っているのです。それは、坂本龍馬もそうでした。その「人たらし力」は、土佐の企業経営者に脈々と続くDNAなのかもしれないと思うほどです。そういう人たちには、その根底に「土佐」に対する強烈なプライドがあることに気づきます。

高知県は、少子高齢化が進展し、人口が減少していく時代に入っています。その中で、一定のGDPを稼いでいくには何が必要でしょうか？　半島経済で物流コストも高い地域では、ＩＴ化をより進め、インターネットを活かし、生産性の向上を図っていく方法を真剣に追求することが求められます。こうすることで、これまで条件不利地域とされてきた「鄙」という情報僻地が解消され、垣根を超えた独創的な発想が活き、高知からグローバル化を進める「グローカル」企業が生まれていくはずです。

5　地域企業を支える支援人材

企業支援の世界に身を置いて、幾つかの経験を重ねてくると、ある課題に気づくことになります。

地域にうねりを起こし、活躍するキーパーソンが多くの人を巻き込み、事態を動かし、山を越えてきた時、あとに続く担い手が見えないという問題に直面するのです。

企業でも同じようなことが起こります。人生は有限ですが、「企業」は形を変えながらも続くのです。おそらく最初の突破口を切り開いた経営者は、危機感をベースに、必死に取り組んでいくでしょう。だが、その成長のさ中では、必死に前を向き、戦い続け、後ろを振り返ったり周囲に目配りする余裕もありません。

企業支援は、全国でもさまざまな形、手法で行われています。時代と共に変化する中で、悩みながら必死に試行錯誤が重ねられています。この世界に長くいて今思うのは、「やりすぎはない。やりすぎを重ね、とにもかくにも一つの成功を獲得し、それを積み上げていくことだ」ということです。

今、地域中小企業が直面していることは、「グローバル化」「少子高齢化」「デジタル化」といった課題への対応にあります。これまで経験したことがない課題に果敢にチャレンジしようとする地域中小企業を支援していくには、そこで頑張っている「人」、そして彼らが持つ地域に対する「思い」に向き合い、共有し、深め、次の世代に引き継いでいくことだ、と思うのです。

[監修]

小松 宗二（こまつ しゅうじ）

1954年生まれ。高知大学を卒業して1978年高知県庁入庁。以来、商工畑一筋に36年間（２年間の農政課を除く）、ずっと企業支援に携わり産業振興センターには98年〜05年、11年〜13年の11年在職し、個別企業のハンズオン支援に携わってきた。
2014年、県庁を早期退職、高知県よろず支援拠点のコーディネーターを経て、現在「企業世話人」として中小企業の相談に応えている。

全体の編集を細迫節夫が、２・３章（図を含む）は宮脇綾子が担当しました。
対談・座談は2018年より2020年夏まで２年余に及びました。対談日から時間が空いたものについて、2020年１月までの情報を追加しています。

中小企業が時代を生き抜く７$^{+1}$の知恵
発行日　2021年4月20日
監　修　小松 宗二
発　行　南の風社
〒780-8040　高知市神田東赤坂 2607-72
TEL 088-834-1488　FAX 088-834-5783
E-Mail：edit@minaminokaze.co.jp
URL：http://minaminokaze.co.jp/